地域マネジメント草書

― 岡山の地域づくりに学ぶ ―

編著　白井 信雄・中村 聡志・松尾 純廣

大学教育出版

はじめに ── 求められる地域マネジメントと本書の構成 ──

　今日、マネジメントは様々な分野で使われる言葉である。経営の分野では、米国の経営学者P.F.ドラッカーが生み出した概念とされ、組織に成果をあげさせるための道具・機能・機関と定義されている。
　ものづくりの分野では、人・設備・材料・方法を投入して、品質・コスト・納期の要求に応えることをマネジメントという。
　環境マネジメントといえば、組織や事業者が環境に関する方針や目標を自ら設定し、これらの達成に向けて取組んでいく自主的な取組みである。
　行政面からいえば、目標と現状のギャップ（問題）を解決することを政策というが、政策を実現する施策や事業を体系的に組みたて、その進行管理を行うことが政策マネジメントだといえる。
　まとめると、マネジメントとは、課題を解決するために、目標を持ち、それを実現するための取組みを総合的かつ論理的に実現していくことである。
　では、地域マネジメントとはなにか。包括的に定義すれば、①地域の現在及び将来の課題を解決するために、②狭く囚われない、幅広い視野をもって将来像を描き、その実現のために、③様々な専門的な理論や方法を組み合わせて用いて、④地域の関係者の参加と協働を調整して進め、⑤地域の調査・分析と計画、実践、評価・見直し等を一貫して行うことと定義できる。

　本書のタイトルは、地域マネジメント草書とした。草書とは早書きという意味では決してなく、草分け、草の根という意味を込めた造語である。地域マネジメントという未熟な方法論を開拓し、地域の現場で考え、実践に活かしていこうという姿勢を現している。
　日本では、これまで、地域で生じている（あるいは生じることが予測されていた）問題への根本対策を先送りにして、諸問題への対策が後手後手となってきた。少子高齢化、地域消滅の可能性の高まり、財政難による行政維持の困難化、社会資本の維持管理・更新の問題、温室効果ガスによる気候変動の影響

等、顕在化する諸問題は、1980年代・1990年代からその発生が予測できていた。また、世界的な人口爆発と経済活動の拡大が進行するなか、日本は人口減少、低成長時代となり、将来的にも諸問題の深刻さが加速する。

もはや問題を先送りにすることはできない。問題を解決するための将来像を共有し、地域マネジメントの方法を実践していかなければならない。

本書は、山陽学園大学地域マネジメント学部の教員が分担して執筆をした。同学部は地域の課題解決に貢献する人材育成を狙いとして、地域の実習を重視する。地域マネジメントという方法論を共有し、教育に活用する教科書として、本書を作成した。

また、本学部が活動のフィールドとする岡山県では、先進的な地域づくりが進められている。これらの取組みを本学部の教員が学びなおすとともに、全国各地の人々に知ってもらいたい、それが本書の狙いである。地域マネジメントに関心がある全国の大学生、地域で活動する方々が本書の対象である。

執筆した本学部の教員は経済学、経営学、工学、法学、環境学と専門が異なり、各々の切り口から地域のデータや取組みを分析した。個々の分析の相違と異分野が織りなす、触発的な面白さを感じていただければ幸いである。

本書は、地域の現状と課題の整理（第1章）、岡山県内の岡山市、真庭市、西粟倉村の取組みの紹介（第2・3・4章）、問題提起と意見交換を行った座談会と全体まとめ（第5章）で構成する。個別の事例に興味がある方はそこだけ読んでいただいてかまわないが、全体を通読すると、本書のメッセージが伝わるはずである。

なお、取り上げた3地域以外にも岡山県内には注目すべき取組みがある。今回は、現段階で学部や教員の縁が強い地域を取り上げた。さらに多くの地域との関わりを深め、分析をさせていただきたい。また、地域マネジメントの方法論に関する具体的な理論や手法を示す書籍は、次の機会としたい。繰り返すが、本書は"草書"である。

地域マネジメント草書
― 岡山の地域づくりに学ぶ ―

目　次

はじめに ── 求められる地域マネジメントと本書の構成 ── ……………… i

第1章　地域の現状と未来 ……………………………………… 1

1. 地域の縮小とひっ迫　1
   - （1）日本の拡大と縮小　1
   - （2）漏れる地域経済　4
   - （3）国土の荒廃のおそれ　5
2. 地域を取り巻く動向　8
   - （1）グローバル化と地域　8
   - （2）持続可能な発展を損なう制約の顕在化と対応の本格化　13
   - （3）情報技術革新によるスマート化の進展　17
   - （4）価値観と生き方の変化　20
3. 地域の未来に向けて　23
   - （1）地方の地域の危機　23
   - （2）外部変化を活かす　23
   - （3）何かを変える　24

第2章　岡山市の取組み ………………………………………… 25

1. 岡山市の概要と取り上げる事例　25
   - （1）岡山市の概要　25
   - （2）取り上げる事例　26
2. 持続可能な社会のための教育と地域づくり　27
   - （1）持続可能な社会のための教育（ESD）とは　27
   - （2）岡山市におけるESDへの取組みの経緯と特徴　28
   - （3）京山地区におけるESDの立ち上げ　31
   - （4）藤田地区と高島地区でのESDの立ち上げ　33
   - （5）ESDの市民への浸透について　36
   - （6）学ぶべき点と今後への期待　38
3. 天満屋と地域発展　40

（1）　百貨店を取り巻く状況　*40*
　　　（2）　天満屋の現在地　*41*
　　　（3）　最盛期に至る「3つのストーリー」と現在　*42*
　　　（4）　意味マップを使った最終分析　*49*
　　　（5）　第七代社長インタビューに見るこれからの天満屋と地域の未来　*51*
　　　（6）　結論：百貨店と地域発展、地方百貨店の存在意義　*53*
　　4. 浸水対策推進条例による安全・安心なまちづくり　*55*
　　　（1）　浸水対策の重要性　*55*
　　　（2）　浸水対策法制の概要～「内水氾濫」対策に着目して　*57*
　　　（3）　岡山市浸水対策推進条例の概要　*63*
　　　（4）　浸水対策の今後の課題　*67*
　　　（5）　条例制定の意義　*69*

第3章　真庭市の取組み　*70*

　　1. 真庭市の概要と取り上げる事例　*70*
　　　（1）　真庭市の概要　*70*
　　　（2）　取り上げる事例　*72*
　　2. 真庭市における木質バイオマス利活用の取組みの創出　*72*
　　　（1）　地域活性化に向けた取組みとは　*72*
　　　（2）　木質バイオマス利活用の取組み概要　*73*
　　　（3）　木質バイオマス利活用展開プロセスの特徴　*81*
　　　（4）　その後の動向と今後の課題　*85*
　　3. 勝山地区における地域特産品づくり　*87*
　　　（1）　地域のブランドイメージをまとった特産品　*87*
　　　（2）　やまのいもを地域の特産品に　*88*
　　　（3）　栽培技術確立までの試行錯誤　*91*
　　　（4）　地域特産品づくりを支えたマーケティング戦略　*94*
　　　（5）　地域特産品から生まれる地域との新たな関係　*97*
　　　（6）　これからのブランド価値の維持　*99*

コラム：真庭市でマップ作り ― 山陽学園大学の地域活動 ―　*101*

第4章　西粟倉村の取組み …………………………………………… *103*

1. 西粟倉村の概要と取り上げる事例　*103*
   - （1）地域の概要　*103*
   - （2）取り上げる事例　*104*
2. ローカルベンチャー　*105*
   - （1）「ローカルベンチャー」評価の視点　*105*
   - （2）木材加工業と起業〜「衰退産業」という「幻想」　*106*
   - （3）（株）木の里工房木薫と保育家具〜待機児童市場に狙いをつけた保育家具ニッチャーの起業経営　*108*
   - （4）（株）西粟倉・森の学校とユカハリタイル・ワリバシ〜賃貸住宅に狙いをつけたユカハリニッチャーの起業経営　*113*
   - （5）1次産業の6次産業化ビジネスモデルの「革新」　*116*
3. 地域再生における女性と起業 ― 西粟倉村 ablabo. を事例として ―　*118*
   - （1）経済成長至上主義からの脱脚　*118*
   - （2）女性の仕事と生活　*119*
   - （3）日本の起業と女性　*122*
   - （4）西粟倉村における女性の起業　*123*
   - （5）ablabo. 蔦木由佳さんの事例　*125*
   - （6）女性の起業の意義　*129*
   - （7）起業を生み出す環境要件　*130*
   - （8）福祉の向上の可能性　*131*
4. 再生可能エネルギーによる地域づくり　*133*
   - （1）日本国内の再生可能エネルギーによる地域づくりの動向　*133*
   - （2）西粟倉村における再生可能エネルギーへの取組みの特徴　*135*
   - （3）エネルギー種別の取組み　*136*
   - （4）エネルギーコンサルタントとゲストハウス　*139*
   - （5）端材を加温に利用した「森のうなぎ」　*140*

（6）再生可能エネルギーによる地域づくりの成果と今後　*141*

第5章　岡山県内の取組みから地域の未来を考える ……………… *144*
　1．地域マネジメントの視点と論点（座談会）　*144*
　　（1）地域活性化に向けた経済面からのアプローチ　*144*
　　（2）行政、市民、企業の相互乗り入れ　*149*
　　（3）地域づくりとビジネスの関係　*150*
　　（4）問題構造の根本と持続可能な発展の規範　*154*
　2．未来志向の地域マネジメントのあり方　*157*
　　（1）転換後の地域の将来像を深く考え、共有する　*157*
　　（2）領域を超えて価値を創造し、方法を統合する　*158*
　　（3）主体の学習を促し、主体の活性化と主体間の関係を形成する　*158*
　　（4）各主体の役割の率先と相互乗り入れによる革新　*159*

おわりに ── 地域マネジメントにおける大学の役割 ── ……………… *161*

執筆者一覧 ……………………………………………………………… *163*

第1章
地域の現状と未来

1. 地域の縮小とひっ迫

（1） 日本の拡大と縮小
1） 近代化による拡大と縮小

　日本経済の発展は、欧米諸国に追随し、「近代化」という様式を、急速に取り入れることによって成し遂げられた。

　「近代化」は、「工業化」と「都市化」の2つの側面を持つ社会経済変動である。かいつまんでいえば、「工業化」とは蒸気機関の導入による機械制工業の普及であり、「都市化」とはそれに伴う都市への人口移動と工業製品に依存する生活様式の外部依存である。これにともない、エネルギー源、交通機関、科学・教育等も大きく変わり、社会経済変動が生じてきた。

　「近代化」により、日本人口は急激に増加した。「工業化」によって得られた国際競争力の向上と経済成長により、所得水準が上昇し、医療技術の進展や関連制度の整備とあいまって、出生率が増加し、死亡率が低下した。

　しかし、現在、日本は急激な人口減少に対峙しなければならなくなっている。開発途上国の発展等による国際競争力の低下により、「工業化」による経済成長と人口増加という歯車は作用しなくなった。また、「都市化」や将来に対する不安感等により、晩婚化や出生率が低下してきた。

2） 日本の人口の将来予測

　人口動向を詳しくみてみよう。日本人口は2010年の約1億2,805万人をピー

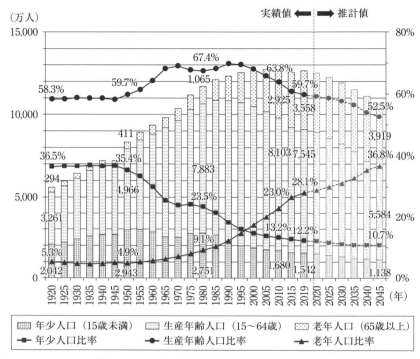

図1-1 日本の人口推移（1920～2045年）
出典：2019年までは総務省「国勢調査」、2019年以降は国立社会保障・人口問題研究所「日本の将来推計人口」の出生中位・死亡中位仮定による推計結果

クに減少しており、2019年1月1日現在の人口は約1億2,632万人となっている。国立社会保障・人口問題研究所（以下、社人研）によると、2045年の日本の人口は約1億642万人、2015年から16％の減少が予測されている。

人口構成について2045年までの推計をみると、老年人口比率は徐々に増加しており、その反対に年少人口（15歳未満）、生産年齢人口（15歳以上65歳未満）は減少しており、さらに少子高齢化が進むと予測されている。その結果15～64歳約1.4人に対して65歳以上が1人という状況になる。

3）過疎の加速

人口増加の段階で問題となったのが、過疎と過密である。1950年代・1960

年代の東京・大阪・名古屋の3大都市圏への転入超過数（転出数—転入数）は40〜60万人であり、地方から大都市への人口大移動が起きた。その後は地方への回帰傾向を一時的に示した時もあったが、2000年以降は東京圏への一極集中が続いている。人口増加時代においてすら、地方では社会流出による過疎が進行していたが、今後は少子化と社会流出の両面から過疎がさらに加速する。

　社人研の推計によると、2045年の人口は日本全体では2015年の人口の約84％となる。同時期に70％以下となると予測される市区町村（福島県内の市町村を除く）は、1,682市区町村の内997市町村である。人口減少速度が激し

「数値地図（国土基本情報）」の行政区画データから整備した。

図1-2　市区町村の将来人口（2015年と2045年の比較）
出典：国立社会保障・人口問題研究所「日本の将来推計人口」の出生中位・死亡
　　　中位仮定による推計結果より作成

い市区町村は、大都市圏から遠隔あるいは交通軸から外れたところに多い。人口減少は市区町村の共通の課題であるとともに、その進行には地域差がある。

(2) 漏れる地域経済

　人口減少は地域経済の規模を縮小させ、地域産業の衰退を招く。それでも、経済の地域内循環により、地域産業の成長が可能である。経済の地域内循環は2つの方法で活性化する。一つは地域の生産物を地域外に販売することで「地域外からの資金の流入を増やす」ことである。もう一つは地域内から地域外への支出を抑制し、地域内からの調達に代えることで、「地域外への資金の移出を地域内に留める（流出を減らす）」ことである。

■：−30％以下
▨：−30％超−10％以下
□：−10％超・不明

「数値地図（国土基本情報）」の行政区画データから整備した。

図1-3　市町村の支出流出入率
出典：環境省作成資料（株式会社価値総合研究所の受託）より作成

図1-3に、市町村の支出流出入率を示す。この値は、地域内に支出された金額に対する地域外から流入・地域外に流出した金額の割合で、プラスの値は地域外からの流入、マイナスの値は地域外への流出を示す。

　流出が多い市町村は地方に多く、人口減少が著しいところと重なる傾向がある。つまり、過疎の地域は、地域経済の規模が縮小するなか、経済の地域内循環もできておらず、経済的自立が見込めない状況にある。

（3）　国土の荒廃のおそれ
1）　社会資本の新設・維持更新の困難化

　社会資本とは、道路・港湾・空港・上下水道・公園・公営住宅・病院・学校等の産業や生活の基盤となる公共施設である。これらは経済成長・人口増加が活発な時代に急激な新設がなされた。

　しかし、人口減少とともに空き家や廃校等の利用されない施設が増え、低成長時代ゆえの財源不足が進行することから、効率的運営のための社会資本の再編を迫られることとなる。

　また、かつて整備された社会資本の維持管理費用が継続的に発生するとともに、老朽化に伴う更新費用が発生する。限られた財源のなかで更新もままならない。必要な新設の遅れ、維持管理の不十分な施設の増加、老朽化した施設の放置等が進むおそれがある。

　社会資本の維持管理・更新問題は、1980年代初頭から米国でクローズアップされていた。それを踏まえて、1990年代から、日本でも国土庁（当時）等が社会資本の維持管理・更新の費用を予測し、国土の荒廃を警鐘していた。それから30年近くたった今も、この問題は未解決であり、将来的に深刻な問題として顕在化するだろう。

2）　空き家・荒廃農地の増加

　公共投資だけでなく、民間住宅における空き家率も増加する。総務省の住宅・土地統計調査によれば、2018年における空き家は846万戸となり、空き家は13.6%となっている。1988年には394万戸、9.4%であった。

　空き家率が高い都道府県は2割前後の空き家率となっている。ただし、山梨

県と長野県は別荘等の「二次的住宅」の空き家が多いためで、これらを除けば、空き家率は上位10位には入らない。

農地においても、耕作放棄が進行している。農林水産省「荒廃農地の発生・解消状況に関する調査」によれば、2016年の全国の荒廃農地面積は28.1万haであり、耕地面積の5.6％に相当する。同調査によれば、荒廃農地面積全体は2008年から横ばい傾向にあるが、そのうちの再生利用が可能な荒廃農地が減少し、再生利用が困難と見込まれる荒廃農地が増加していることが問題である。

農地は、食料生産の場であるばかりでなく、国土の保全、水源の涵養、自然環境の保全、良好な景観の形成、文化の伝承等の多面的な公益機能を提供してくれる。地方の人口減少や高齢化が進展するなか、農地の放棄と荒廃がますます進行し、公益技能の低下や地域の魅力の劣化が懸念される。

3） 行財政のひっ迫、人員削減

国の2017年度の歳出は約98兆円、歳入（税収）は約59兆円、その差は借金である国債の発行によって賄われている。普通国債残高は毎年増加し、2017年度末には850兆円を超えた。

財務省「日本の財政関係資料」では、国の財政を手取り月収30万円の家計に例えている。支出は生活費38万円、過去の借金の利息の支払いが5万円、元本の返済が7万円の合計50万円である。給料以外のその他収入があるとしても、17万円の借金を追加している状況である。

国は財政健全化を進めているとはいえ、歳入を増加させるための経済政策のために歳出を増加させるという"いたちごっこ"を繰り返している。今後は、高齢化に伴う福祉関連経費の増加、低成長時代の継続が見込まれるため、これまでの財政構造の転換が必要となる。

市町村においては、財政力の高低の格差が顕著である。総務省「地方財政状況調査」によれば、2017年度の財政力指数1以上の市町村が全国1,741件中80件であるのに対して、財政力指数0.1以下が28件、0.1超0.2以下が228件、0.2超0.3以下が270件となっている。

市町村の財政力指数の平均を都道府県別にみると（表1-2）、三大都市圏やその周辺の都道府県が上位にある。これに対して、大都市圏から遠隔あるいは

交通軸から外れたところにある都道府県では財政力指数が低い市町村が多いことがわかる。

表1-1　空き家率の高い都道府県と低い都道府県

順位	都道府県名	空き家率（％）	順位	都道府県名	空き家率（％）
1	山梨県	21.3	1	埼玉県	10.2
2	和歌山県	20.3	2	沖縄県	10.2
3	長野県	19.5	3	東京都	10.6
4	徳島県	19.4	4	神奈川県	10.7
5	高知県	18.9	5	愛知県	11.2
6	鹿児島県	18.9	6	宮城県	11.9
7	愛媛県	18.1	7	山形県	12.0
8	香川県	18.0	8	千葉県	12.6
9	山口県	17.6	9	福岡県	12.7
10	栃木県	17.4	10	京都府	12.8

出典：総務省「平成30年住宅・土地統計調査」より作成

表1-2　市町村の財政力指数の平均が高い都道府県と低い都道府県

順位	都道府県名	財政力指数	順位	都道府県名	財政力指数
1	愛知県	0.96	1	島根県	0.25
2	神奈川県	0.91	2	高知県	0.25
3	静岡県	0.80	3	北海道	0.27
4	埼玉県	0.78	4	鹿児島県	0.28
5	東京都	0.77	5	秋田県	0.30
6	栃木県	0.73	6	青森県	0.33
7	大阪府	0.73	7	鳥取県	0.34
8	千葉県	0.72	8	岩手県	0.35
9	茨城県	0.70	9	山形県	0.35
10	滋賀県	0.70	10	和歌山県	0.35

出典：総務省「平成29年度地方公共団体の主要財政指標一覧」より作成

2. 地域を取り巻く動向

(1) グローバル化と地域

今日、どこに居住していようと、グローバル化の影響を回避することはできない。それは都市であろうと地方であろうと変わりはない。一方、グローバル化は都市と地方で同様の影響を及ぼすわけではない。地域ごとの経済構造や生活福祉環境の違いを反映して、地域固有の影響へと結びついていくからである。

グローバル化には、人、物、資金、情報の移動の側面がある。これらの移動は経済の状況、制度の改正等にとって、変動するが、大宗としては国際的な移動は活発化する方向にある。

以下では、人の移動に焦点を当て、地域との関係も視野に含めながら、政府統計から明らかにしていく。

1) 増加する在留外国人

日本に滞在する外国人総数は、法務省の「在留外国人統計（2011年以前は「登録外国人統計」）」で把握することができる。以下の動向はこの統計による。

図1-4は、1950年以降の在留外国人の推移を示したものである。これによれば、2017年12月末現在、日本に在留する外国人の総数は256万人である。時系列でみると、在留外国人数の伸びは1989年以降拡大しており、2007年以降いったん落ち込みを見せたものの、2013年以降再び急激に伸びている。1989年以降の流入拡大は、1989年の入管法改正により、南米の日系人を中心に多くの出稼ぎを目的とした滞在者が増えたことによる。また、2007年以降の流入人口の落ち込みは、リーマンショックの影響を受けて解雇された日系人の多くが、政府の帰国支援策を受けて帰国したことによるものである。

出身者の地域別で見ると、現在はアジアが8割を占めており、2006年の7割から拡大してきている。その一方で、上記の日系南米人の動きを背景に、2006年には2割を占めていた南米出身者は、2007年以降1割を下回るまでに低下している。国別で見ると、中国が73万人と全体の3割を占めて圧倒的な存在であり、続いて韓国、ベトナム、フィリピン、ブラジルの順となっている。

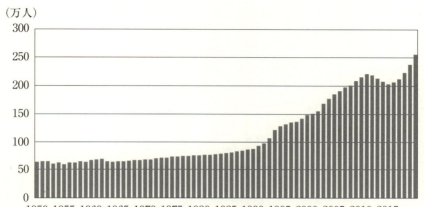

図1-4　在留外国人数の推移
出典：法務省「在留外国人統計表」より作成

　在留資格で見ると、在留外国人は「本邦において行うことができる活動」と「本邦において有する身分または地位」に区分することができる。前者は職業・留学等に付随する資格であり、就く職業に制限がある。後者は身分・地位に関する資格であり、日本で就く職業に制限はない。2017年12月末現在、「本邦において行うことができる活動」の資格別では、「留学」が31万人で最も多く、次に「技術・人文知識・国際業務」が19万人、「家族滞在」が17万人の順となっている。また、「本邦において有する身分または地位」の資格別に見ると、滞在期間に制限のない「永住者」が75万人と最も多く、次に歴史的な理由により日本に居住する「特別永住者」が33万人、日系3世、中国残留邦人等の「定住者」が18万人の順となっている。

　さらに、都道府県別に見ると（表1-3）、首都圏（東京都、神奈川県、埼玉県）、大阪府、愛知県という大都市に居住者が多い一方で、愛知県、静岡県、福岡県、茨城県、群馬県と、工業都市を抱える県に居住者が多いことも特徴の一つである。在留外国人が少ない都道府県は1万人を下回る状況であり、地域間の差が大きい。

表1-3　在留外国人数の多い都道府県と少ない都道府県

順位	都道府県名	総数（人）	順位	都道府県名	総数（人）
1	東京都	537,502	1	秋田県	3,793
2	愛知県	242,978	2	高知県	4,332
3	大阪府	228,474	3	鳥取県	4,385
4	神奈川県	204,487	4	青森県	5,121
5	埼玉県	167,245	5	徳島県	5,639
6	千葉県	146,318	6	佐賀県	5,755
7	兵庫県	105,613	7	宮崎県	5,783
8	静岡県	85,998	8	和歌山県	6,407
9	福岡県	72,039	9	岩手県	6,627
10	茨城県	63,491	10	山形県	6,723

出典：法務省「在留外国人統計（2017年12月末）」より作成

2）訪日外国人観光客

　訪日外国人客数と出国日本人数の推移を図1-5に表した。これによると、訪日外国人客は近年大きく伸びている。1964年にはたった35万人だった訪日客は、2018年には3,100万人にまで拡大している。この50年で90倍近い増加であり、特に2012年以降に急激に伸びている。これは、2013年にタイ、マレーシア、ベトナム、フィリピン、インドネシア等、2014年にはミャンマー、インド等、2015年には中国を対象として、滞在に必要となるビザの要件を戦略的に緩和してきたことが大きい。また、日本では2000年代長らくデフレ傾向が続き、多くの国との間で相対価格が低下した。つまり、日本への旅費の割安感が増していることも、外国人客が増加している要因の一つである。

　訪日外国人客を国別に見ると、最も多いのは中国の840万人であり、以下、韓国（754万人）、台湾（476万人）、香港（221万人）、米国（153万人）、タイ（113万人）が続く。米国を除けば、いずれもアジアの国々である。ビザ要件の緩和が大きく影響している。

　外国人観光客の都道府県別の動きを見てみよう。表1-4に、都道府県別訪問率ランキングを示した。2017年現在、最も高い訪問率となっているのは東京都であり、それに続いて、大阪府、千葉県、京都府、福岡県の順となっている。

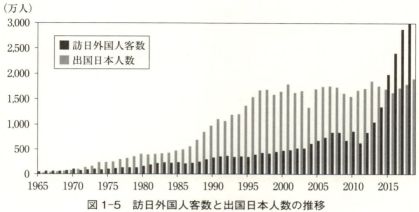

図1-5 訪日外国人客数と出国日本人数の推移
出典：日本政府観光局資料より作成

表1-4 外国人観光客訪問率の多い都道府県と少ない都道府県（2017年）

順位	都道府県名	比率（%）	順位	都道府県名	比率（%）
1	東京都	46.2	1	島根県	0.1
2	大阪府	38.7	2	岩手県	0.2
3	千葉県	36.0	2	高知県	0.2
4	京都府	25.9	2	鳥取県	0.2
5	福岡県	9.8	2	福井県	0.2
6	愛知県	8.9	6	秋田県	0.3
7	神奈川県	8.5	6	徳島県	0.3
8	北海道	7.7	6	福島県	0.3
9	沖縄県	7.3	9	愛媛県	0.4
10	奈良県	7.3	9	宮崎県	0.4
			9	山形県	0.4

出典：日本政府観光局「2017年 都道府県別訪問率ランキング」より作成。

　これらはいずれも、ハブ空港か世界的に有名な観光地を擁する地域である。
　長引くデフレ、給与の据え置き、税負担の増加等の影響で国内消費が冷え込む中、消費を押し上げる要因として期待されたのが外国人観光客であった。多くの百貨店、大規模小売量販店、商店街等では外国人客向けの免税コーナーが

設置され、現金を持たない客向けにクレジットや電子マネーへの対応を進める等、円滑な買物のための環境整備が進められている。このように訪日外国人観光客は、日本の小売業、サービス業を支える消費者として無視できない存在となっている。

一方で、急激な訪日外国人観光客の増加は、いくつかの課題を顕在化させた。例えば、観光客の多い都市部ではホテルが常に満室で、宿泊費が高騰している。また、公共交通機関の本数が限られているところでは、普段足替わりに交通を使う市民と大きな荷物を抱える旅行客との間に軋轢が生まれる等、両者の不満が増加している。これらはいずれも急激な需要に供給がうまく追い付いていないことが主因であり、需要に応じたホテルの増築やインフラの整備等、観光客と地元民の双方の不満が解消されるよう、早急な対応が必要とされている。

3） 多文化共生に向けて

以上のように、日本に滞在する外国人は短期、長期を問わず、急速に増加する傾向にある。加えて、政府は 2019 年 4 月 1 日から「特定技能」の在留資格を新設することを決定しており、外国人労働者の受け入れ拡大が予想されている。

日本には近隣アジア諸国からの移住者が多く、「留学」「就労」の形態で日本各地に居住する。しかも、在留資格が示すように、「留学」や「就労」等を経て「永住者」となった人々は現在 75 万人にも上る。一方で、訪日外国人客の急増により、有名観光地に限らず、これまで観光地として注目されることのなかった地域にも脚光が当たる可能性は十分にある。大都市に限らず、どの地域においても、外国出身者と身近に接することが珍しくない時代となっている。

そうした変化を十分に認識している日本人はまだ多くはないだろう。しかし、多様な文化との接触は、多様な慣習との接触でもあり、従来の日本の文化や慣習との間に摩擦を生み出すことを意味する。国だけでなく、自治体、市民レベルで、排除を前提とするのではなく、包摂を促進する方向で、多様な人々との共生を促進していくことが早急に求められている。

（2）持続可能な発展を損なう制約の顕在化と対応の本格化
1） 気候変動の進展と地域への影響

気候変動（地球温暖化）は、"カウボーイ"のような人類の自由奔放な経済活動の結果であり、今後の経済活動において配慮し、経済活動の制約条件としていかなければならない最優先の課題である。気候変動と地域の関連について、4点を述べる。

第1に、気候変動という危機は2050年さらには2100年と長期を見通して、人類全体で対応していかなければならないものであるが、決して将来の話ではない。既に、世界の年平均気温は100年あたり約0.73℃、日本の年平均気温は100年あたり約1.19℃の割合で上昇している。日本の年平均気温の推移（図1-6）では、年毎の変動はあるが、10年平均をみれば、気温上昇の階段を上昇してきていることが明確である。

第2に、気候変動による現象は温度上昇だけではない。温度上昇による水蒸気が増え、降水量が増える。日本の1時間降水量50mm以上の年間発生回数の推移（図1-7）においても、10年平均の階段上昇は明らかである。2012

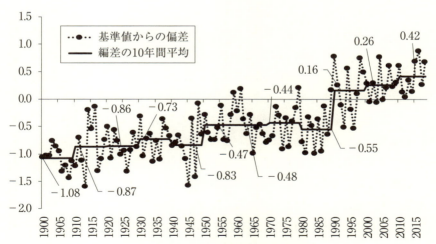

図1-6　日本の年平均気温の推移
出典：気象庁資料より作成

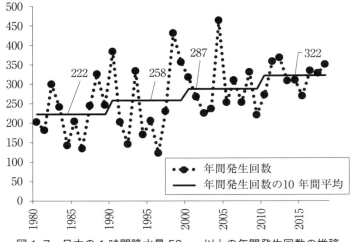

図 1-7　日本の 1 時間降水量 50mm 以上の年間発生回数の推移
出典：気象庁資料より作成

年 7 月の九州北部豪雨、2017 年 7 月の九州北部豪雨、2018 年の西日本豪雨と、近年では広域かつ被害が甚大な水・土砂災害がみられるが、これらは気候変動による降水量のかさ上げと無関係ではない。

　第 3 に、今後の気候変動の進展は、人類による温室効果ガスの排出削減の努力次第である。なりゆきのままでは 2100 年までに平均 5℃近くの温度上昇が予測されている。また、最大限の排出削減を図ったとしても、2040 年頃までの平均 1℃の温度上昇は避けられないと予測されている。猛暑や強い雨の頻繁化・常態化、経験を超える温度や豪雨の発生を想定しておく必要がある。

　第 4 に、気候変動の進展により、地域も影響を受ける。熱中症対策、農林水産業の気候災害対策、水・土砂災害対策等の強化・追加（これを適応策という）が必要となる。また、温室効果ガスの排出削減（これを緩和策という）のための取組みが地域にさらに求められる。緩和策を外部制約として捉えて受動的に対応するのではなく、緩和策に能動的に取組み、地域の経済・社会の発展に繋げる"賢い地域づくり"の可能性も高まる。

2) 原発事故後のエネルギー転換の動き

　2010年以降、再生可能エネルギーの普及を加速させる転換期に移行してきた。特に、2011年の東日本大震災時の福島原子力発電所の事故により、全国の原子力発電所が停止を余儀なくされたこと、「電気事業者による再生可能エネルギー電気の調達に関する特別措置法」（2012年）に基づく固定価格買取制度（FIT）の施行により再生可能エネルギー発電の事業採算性が高まったことが、普及加速のスイッチとなった（表1-5）。この結果、日本のエネルギー供給における再生可能エネルギーの比率は2018年度で水力を含めて10%を超える状況となっている（図1-8）。

　たかだか10%にすぎないかもしれないが、再生可能エネルギーは地域で扱いやすいため、地域主導の動きが活発化していることが重要である。FITは、太陽光（非住宅用）を中心とする大規模な発電所の立地、個人住宅への太陽光発電の設置を促すとともに、市民出資による小規模な発電所（市民共同発電）事業を活発化させてきた。また、滋賀県湖南市、愛知県新城市、長野県飯田市、兵庫県宝塚市、神奈川県小田原市等、地域資源としての再生可能エネルギーを地域主導で利用する理念や仕組みを定める条例を制定する地域が現れてきた。

表1-5　FIT導入前と後の再生可能エネルギーの導入量

	FIT導入前（2012年6月まで）の累積設備導入量	FIT導入後の設備導入（2018年12月までの新規認定分）
太陽光（住宅）	約470万kW	583万kW
太陽光（非住宅）	約90万kW	3,722万kW
風力	約260万kW	111万kW
地熱	約50万kW	2万kW
中小水力	約960万kW	35万kW
バイオマス	約230万kW	152万kW
合計	約2,060万kW	4,605万kW

注：FIT導入前の設備導入量にはFITに移行した分を含む。
出典：経済産業省資料

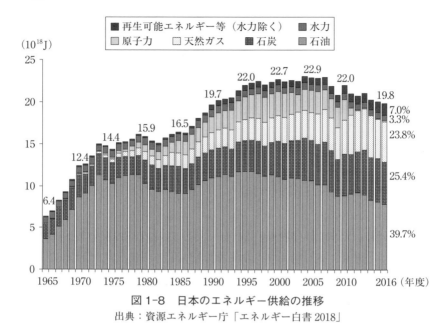

図 1-8 日本のエネルギー供給の推移
出典：資源エネルギー庁「エネルギー白書 2018」

　しかし、買取価格の低下や立地に伴う地域でのコンフリクト、電力会社の系統接続回避等もあって、再生可能エネルギーの新規導入が減速する傾向にある。一方、2016年4月からの電力小売の完全自由化の導入により、再生可能エネルギーの地産地消を図る地域電力会社を整備する動きも見られる等、新たな局面を迎えている。

　今後は、太陽光発電の買取価格が低下してきたものの、小水力発電、木質バイオマスの熱利用等、太陽光発電以外のエネルギー事業の可能性がある。また、再生可能エネルギーは経済事業としてだけでなく、気候変動の緩和や非常時の電源等として公益性を持つ。なにより、再生可能エネルギーという地域資源の地域主体による活用は、地域の自治活動として意義深い。このような再生可能エネルギーの多面的な側面を捉え、再生可能なエネルギーを活かす地域づくりをどのように進めるのかが地域の選択となる。

（3）　情報技術革新によるスマート化の進展

　歴史は繰り返すといわれるが、人工知能（AI：Artificial Intelligence）の普及がそうである。過去にイギリスで起きた産業革命では多くの肉体労働者が失職しているのである。産業革命から200年以上が過ぎているが、「人間と機械」の闘いが「人間とコンピュータ」に変わっただけかもしれない。

　AIが発展し、人間の仕事がどんどん機械に奪われていくことに不安を抱く方もいるかもしれないが、単純作業ほど機械に置き換えられやすいことは事実である。産業革命が起こって失業した人もいたかもしれないが、新たな産業を作り出していることは揺るぎない事実である。

1）　スマート化とは

　スマートには、主に「賢い」「洗練された」といった意味があるが、それとは別に、「コンピュータによる制御・処理能力を搭載した」という意味もある。身近な物ではスマートフォン、よく耳にする言葉としてはスマートカー、スマートカード等である。つまり、世の中に存在するあらゆる物が賢くなってきているのである。

　スマート化とは、情報技術を駆使し状況に応じて運用を最適化する知的システムを構築することである。スマートグリッドとは、その名の通りスマートな電力網である。電力網全体をコンピュータで統合的に制御し、需給バランス調整を行い、再生可能エネルギーとの連携、家庭内での電力消費の削減といった制御を実現しようとする構想である。これが実現すれば、停電・事故の防止及び被害を最小限に食い止め、省電力化、気候変動防止減等、様々なメリットが享受できる。

　スマートグリッドの実現には、関連するあらゆる要素をスマート化する必要がある。電力量計はスマートメーター、家電製品はスマート家電、住宅はスマートハウス、さらに地域全体はスマートシティに変革される必要がある。

　スマートグリッドの実現には、膨大なコストが掛かるが、巨大市場となり得る分野であるため、企業はスマートグリッド市場へと参入しつつある。

　スマートシティ（スマートコミュニティともいう）とは、スマートグリッドによるエネルギー最適化に加え、交通や医療におけるインフラ等が次世代型に

整備された街のことを言う。つまり情報先端技術を用いて、基礎インフラと生活インフラ・サービスを効率的に管理・運営し、環境に配慮しながら、人々の生活の質を高め、継続的な経済発展を目的とした新しい都市のことである。

2） 高度情報技術

スマートシティを実現するために必要となる情報技術としてIoT、AI、自動走行が挙げられる。

IoT（Internet of Things）は、1999年に無線IDタグの専門家であるケビン・アシュトンが初めて使った言葉である。日本語では「モノのインターネット」と言われる。従来のパソコンやスマートフォン等の通信機器ではなく、様々なモノにインターネット通信機能を持たせることにより、インターネット経由で情報のやりとりを行い、自動認識・自動制御・遠隔操作等を行っていく。例えば、自動販売機をインターネットと繋ぐことにより、リアルタイムでの在庫状況が把握でき、補充タイミングを最適化でき、販売機会を逃すことなく最小限の手間で運用することが可能となる。

AIは、一般的な解釈として、「人工的に人間の知能を模倣するための概念および技術」と考えられる。AIには、「コンピュータが人間のように学習し、知識をもとに推測する」ことが求められ、それを実現するため、複雑なプラットフォーム・アルゴリズムが用いられる。身近なところではスマートフォンの音声認識や障害物を避ける自動運転、インターネットの画像検索やウェブページ検索、産業分野のロボット制御や画像処理等、日常生活にすでにAIが活用されている。

自動車の自動走行技術は、20年以上前から研究が行われていたが、なかなか実現できていなかった。しかし、昨今のハードウェアの発展による処理スピードの向上により、実現が可能となってきた。最新の自動運転車の開発に必要な技術は、位置特定、認識、AI、予測、プランニング、運転手モニタリング、通信である。

3） 情報技術革新へのニーズの変化

従来、スマートシティとは、先進技術を活用し、スマートグリッドを活用した都市全体のエネルギー効率化や防災能力の高度化を実現する都市を指すと考

表 1-6　スマートシティにおけるサービスメニュー（例）

電力付帯サービス	・太陽光発電の発電状況と電気使用状況の"見える化" ・電気使用状況に対する省エネルギーのナビゲーション ・エアコン、炊飯器等の遠隔制御 ・ダイナミックプライシング（使用時間帯に応じた課金）
エネルギー・資源総合サービス	・電気、ガス、水道等の契約先切り替え、料金一括支払い ・カーシェアリングの予約・課金 ・エコクッキング、エコライフ学習会等の活動支援
福祉・防災・医療サービス	・在宅高齢者の安保確認 ・健康診断・医療情報の一元管理 ・遠隔監視によるホームセキュリティ ・自然災害時の避難誘導、猛暑や豪雨の警報システム
コミュニティづくり・地域活性化支援サービス	・省エネ努力に応じたエコポイント ・地域商店街のEコマース ・地域の情報掲示板

出典：白井信雄『再生可能エネルギーによる地域づくり～自立・共生社会への転換の道行き』より引用

えられてきた。しかし、最近のスマートシティでは、先進技術による生活の質向上や社会的課題解決にも焦点を当てたサービスメニューが提供されてきている（表1-6）。

　この変化の背景には2つのことがある。1つ目としては、IoT・AI・ブロックチェーンといった情報技術的進歩がある。個々の人やモノに紐づくビックデータを収集・分析し生活の質向上に資する価値に転換できる生活基盤整備が進んできており、交通・医療の観点からも都市における付加価値を創出する考え方が広がりを見せている。

　2つ目としては、地方自治体の意識変化が挙げられる。つまり、「高度産業化や生活水準向上、教育の質向上に資する都市のあり方とはどうあるべきか」が考えられるようになっており、社会的価値を持った都市創造というニーズは少しずつではあるが着実に広まりを見せている。

(4) 価値観と生き方の変化

1) より高次の欲求の高まり

　米国の心理学者アブラハム・マズローは、人間の欲求を5段階で示し、低次の段階の欲求が満たされると、より高次の欲求を満たすようになると説明した。5段階とは、生理的欲求（食事や睡眠等）、安全の欲求（経済的安定、健康、事故防止等）、社会的欲求と愛の欲求（所属による満足、社会的役割の発揮）、承認の欲求（他者や自分自身のよい評価）、自己実現の欲求（自分の可能性の発揮）である。低次の欲求が満たされるとより高次の欲求を求めるようになる。この仮定に基づけば、経済や社会の発展により、低次の欲求が満たされるようになると、人間の欲求はより高次の欲求を求めるようになる。

　内閣府「国民生活に関する世論調査」における「これからは心の豊かさか、まだ物の豊かさか」という設問の回答では、1972年には「まだまだ物質的な面で生活を豊かにすることに重きをおきたい」が40.0％で、「物質的にある程度豊かになったので、これからは心の豊かさやゆとりのある生活をすることに重きをおきたい」の37.3％を上回っていたが、1970年代後半には「心の豊かさ」を重視する回答が上回るようになった。その後、「心の豊かさ」を重視する回答比率が上昇し続け、2000年代には60％を超えるようになっている。このことは、経済や社会の発展により、生理的欲求や安全の欲求が多くの国民に満たされるようになり、より高次の欲求に重点がシフトしてきたことを示している。

2) 若年層の社会への貢献意識の高まり

　国民全体としての欲求水準が高まっているとはいえ、生理的欲求や安全の欲求の充足が保障されない状況にある人々も多いことに注意する必要がある。また、若年層は所有物の少なさや所得の低さもあって、「物の豊かさ」を重視する回答が他年代よりも高い傾向にある。

　一方、若年層における社会意識の高まりを示すデータもある。内閣府「社会意識に関する世論調査」では、社会への貢献意識を「日頃、社会の一員として、何か社会のために役立ちたいと思っているか、それとも、あまりそのようなことは考えていないか」という質問で把握している。この社会への貢献意識があるとする回答率の推移（図1-9）では、2000年前後で20歳代の回答率が

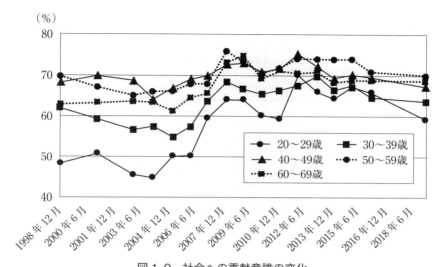

図 1-9　社会への貢献意識の変化
出典：内閣府「社会意識に関する世論調査」より作成

他年代に比べて少なかったが、2000年代後半に10ポイント以上の上昇、2011年の東日本大震災の後にはさらに10ポイントも上昇した。その後、同回答率はやや減少傾向にあるものの、他の年代との差は小さい。つまり、若年層の社会意識が弱いという状況は20年前ほど顕著ではない。

3）地方への回帰

1（1）に、過密と過疎の深刻化の動きを示したが、地方への移住や自然への回帰を求める意識が高まっていることも確かである。

内閣府「農山漁村に関する世論調査」では、居住地域が「都市地域」「どちらかというと都市地域」とする者に対して、農山漁村地域に定住してみたいという願望があるかを質問している。この回答を2005年と2014年で比較すると（図1-10）、全体として定住願望が高くなっていることがわかる。年代別にみると、2005年では20歳代と50歳代の定住志向が高かったが、2014年にはすべての年代の定住志向が高くなっている。

地域おこし協力隊の隊員数の増加も顕著である。これは、都市地域から過疎地域等に移住し、地方自治体が委嘱して、1〜3年程度の任期で地域協力活動

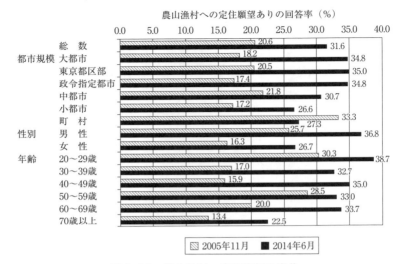

図 1-10　農山漁村へ定住願望の変化
出典：内閣府「農山漁村に関する世論調査」より作成

を担う制度である。活動は、地域ブランドや地場産品の開発・販売・PR 等の地域おこしの支援や農林水産業への従事、住民の生活支援等多岐にわたる。任期終了後の地域への定住・定着が狙いとされている。

　隊員数の増加は、地方自治体の受け入れ姿勢の高まりによるところが大きいが、地方への回帰志向を実現させ、地域を担う人材を地域に招き入れる制度として、重要な意味をもっている。

　2009 年の隊員数は 89 人（31 団体）であったが、2018 年度には 5,359 人（1,061 団体）となっている。2018 年度の隊員の年齢構成は 20 代が 31.5%、30 代が 38.2% である。任期終了後も約 6 割が派遣された地域に定住している。

3. 地域の未来に向けて

（1） 地方の地域の危機

　本章のここまでに示した内容を踏まえ、日本の地域ととりまく動向を4点にまとめる。第1に、日本の地域は、全体として縮小を加速させる傾向にある。これまで人口減少が先行していた過疎地域はますます縮小し、過密地域の人口減少も始まる。人口増加の後の縮小は日本がこれまで経験したことがない危機であり、他先進国においても日本のような急激な変化を経験していない。

　第2に、人口増加時代に整備された社会資本の老朽化が進み、また空き家や荒廃農地が増加し、地域の荒廃を目の当たりにすることになる。荒廃に対策をとるならば、社会資本の維持管理や撤去等の必要コストが増大する。

　第3に、危機に対して対策をとるにも、人口減少に加えて、少子化と高齢化により地域を担うマンパワーが不足する。また、行財政もひっ迫し、行政施策もままならない状況となる。

　第4に、地域の経済循環ができておらず、地域への投資を行っても地域から資金が漏れる構造にある。地域内で資金が循環する構造をつくらなければ、対策効果は不十分なものとなる。

（2） 外部変化を活かす

　危機の深刻さと根深さをもって、思考停止に陥ってはならない。地域を取り巻く外部変化を追い風として活かし、対策を能動的に行うことで、地域の危機を打開していける可能性がある。3つの方向性を示す。

　第1に、外国人の増加、気候変動への対策、エネルギー転換、情報技術革新、社会意識や地方回帰志向の高まりといった変化は、地域づくりのきっかけや推進力となりえる。逆に、これらの動きへの対策が遅れる地域は停滞と衰退から抜け出すことができず、対策の仕方次第で地域活力の差が生じていくだろう。

　第2に、外部状況は常に変動するため、ケースを想定し、将来に向けた備えをしておくことで、柔軟な対応ができるようにしておくことが必要である。ま

た、地域の行政、企業、住民が新たな動きへの学習を欠かさないようにする。

　第3に、地域を取り巻く状況は手放しで追い風にならず、両刃の剣となる可能性があり、適正な対策をとる必要がある。例えば、過度な外国人観光客の誘致は地域のオーバーユースになるおそれがある。地域外の大企業主導の開発は、地域企業や地域住民をおきざりにする。

（3）何かを変える

　地域の未来を選択する主体は、地域に生きる住民であり、地域の企業や行政である。こうした関係者で、地域の未来を描き、共有することが重要である。地域の未来について、重要な4点を述べる。

　第1に、これまでの同じ取組みを継続するだけでは、地域の縮小と荒廃に歯止めをかけることはできない。何かを変えることが必要である。

　第2に、地域の危機の根本に、「近代化」（工業化と都市化）という大きな社会経済変動によって構築されてきた社会経済や土地利用の構造の問題がある。これらを変えることに踏み込む、根本的な転換を視野に入れる必要がある。

　第3に、根本的な転換の先にある地域の未来は、「脱近代化」（脱工業化、脱都市化）という方向で描くことができる。農林水産業や地域らしさ、自然志向が基軸となる地域づくりを、地域主導で描き、共有することが必要であろう。

　第4に、「脱近代化」は、これまでの日本経済をリードしてきた工業や流通システムの改良を求める。これまでの蓄積を活かしつつ、地域の未来を柔軟かつ大胆に転換していくための地域主体による議論が必要である。

参考文献
月尾嘉男『縮小文明の展望　千年の彼方を目指して』財団法人東京大学出版会（2003）
白井信雄『再生可能エネルギーによる地域づくり～自立・共生社会への転換の道行き』株式会社環境新聞社（2018）
アブラハム・マズロー『人間性の心理学 ― モチベーションとパーソナリティ』産能大出版部（1987）
ウルリッヒ・ベック『危険社会 ― 新しい近代への道』法政大学出版局（1998）

第2章
岡山市の取組み

1. 岡山市の概要と取り上げる事例

（1） 岡山市の概要

　旭川と吉井川よって形成された岡山平野に中心市街地があり、その南部には干拓された田園地帯、北部には吉備高原の山並みを有する。現在、岡山市の面積は約790km²、人口は約70万7,000人（2019年3月末）である。1996年には国の中核市に指定され、その後2005年の御津町・灘崎町、2007年の建部町と瀬戸市との合併を経て、2009年4月より全国で18番目の政令指定都市となった。

　中心部は、戦国時代に築かれた岡山城の城下町として発展し、県庁所在都市となった。第二次世界大戦の大空襲により、一夜にして焦土と化したが、戦後の復興事業、山陽新幹線の開通等を経て、今日の大都市へと発展してきた。大都市であるがゆえに、岡山市は多様であるが、その特徴として6点を示す。

　第1に、自然条件や自然資源に恵まれた都市である。瀬戸内の温暖な気候であり、快晴の日が多く、冬の積雪も少ない。台風も四国山脈が防壁になって勢力が弱められ、影響が比較的少ない。また、市街地であっても川と里山に囲まれ、自然との一体感がある。

　第2に、中国・四国地方の広域交通のクロスポイントに位置する。岡山市はすべての四国の県庁所在都市、鳥取市と鉄道の特急でつながり、高速道路も東西南北へと整備されている。隣接する倉敷市に加えて、1988年に開通した瀬戸大橋により香川県との連結度が強まり、広域交通を基盤とした要衝となっている。

第3に、中心部は第3産業中心の産業構造を持つ商都である。市全体の産業別の事業所数は、「卸売業、小売業」が約3割を占め、「宿泊業、飲食サービス業」や「医療、福祉」の割合が比較的高い。

第4に、合併した広域の都市であるために農業地帯も多く、農業都市でもある。沿岸部には広大な干拓地が穀倉地帯となっている。白桃、マスカット、ピオーネ、千両なす、黄ニラ等の多彩な特産品が豊富である。

第5に、8つの大学がキャンパスを持ち、大学・短大学生数が多い教育都市である。学生数は人口10万人当たり4,000人を超える（20の政令指定都市中の6位、岡山市の資料による）。市内にある県立図書館の来館者数・個人貸出冊数は、全国の都道府県立図書館中の1位である（2005年から13年連続）。

第6に、医療資源が豊富で、健康づくりに力を入れる医療・健康都市である。市内に400床以上の急性期病院を6施設も有し、人口当たりの病院数は政令指定都市中4位、同医師数は同3位である（岡山市資料）。女性の平均寿命は日本一長い（87.67歳、厚生労働省「平成27年度都道府県別生命表」による）。

（2）取り上げる事例

岡山市は、都市機能がバランスよく充実し、住みやすい都市である。しかし、人口減少と高齢化、郊外へのスプロール化等が進む中で、岡山市の強みを今後も継続していくことができるのか、未来に向けた課題は大きい。

こうした中、本章では、岡山市における3つの取組みに注目する。1つ目は、「持続可能な社会のための教育（Education for Sustainable Development：ESD）」をとりあげる。ESDは、環境教育を発展させ、開発教育、人権教育、平和教育等を統合化させたものである。2014年の「ESDに関するユネスコ世界会議」のステークホルダー会合の開催地となり、地域ぐるみでESDに取組んできた経緯と今後をまとめる。

2つ目は、商都をリードし、中心市街地の形成に重要な役割を果たしてきた百貨店（天満屋）である。岡山駅前の開発が進むなか、駅前とは別の地域核を形成してきた百貨店のこれまでとこれからを明らかにする。

3つ目に、市行政による水災害への取組みをとりあげる。災害がない地域と

言われながら、2018年7月の西日本豪雨で被害を受けた。今後も気候変動が進行するなか、市行政はどのような対策を講じていたか。特に、岡山市浸水対策の推進に関する条例に焦点をあてる。

2. 持続可能な社会のための教育と地域づくり

(1) 持続可能な社会のための教育(ESD)とは
1) 持続可能な社会とは

1987年の環境と開発に関する世界委員会報告「われら共有の未来」では、「持続可能な発展」を「将来の世代のニーズを満たす能力を損なうことなく、今日の世代のニーズを満たすような発展」と定義した。この考え方は、1992年にリオデジャネイロで開催された「環境と開発に関する国連会議(リオサミット)」において、リオ宣言、アジェンダ21として合意されている。

世界大戦終了後、経済成長至上主義やグローバル化が加速し、世界各地で森林破壊や環境汚染が激甚な問題となり、また酸性雨や気候変動(地球温暖化)といった地球規模の環境問題が深刻なものとなってきた。このことが人類の生存の持続可能性を損なう恐れがあることから、経済活動に環境面からの制約を持たせて持続可能な発展を目指そうという考え方が提案されてきた。

開発途上国では、貧困や格差の問題が深刻であり、基本的人権の保障や人間としてのより豊かな暮らしの実現等といった社会面を向上させる発展が求められる。このため、持続可能な発展は、環境面だけでなく、社会面の配慮を求めるものとなり、環境・経済・社会の統合的な発展が目指されてきた。

2) ESDとは

環境政策の動きと連動して、教育において、環境・経済・社会の統合化が進められた。環境教育と並行して各分野で展開されていた開発教育、人権教育、平和教育等が統合化され、持続可能な社会のための教育(Education for Sustainable Development: ESD)が生まれた。

リオサミットのアジェンダ21の第36章(教育/意識啓発)では、「持続可能な開発に向けた教育の再構成」が示された。2002年の「持続可能な開発に

関する世界首脳会議」(ヨハネスブルグ・サミット)では、日本の政府とNGOが国連ESDの10年を提案し、ESDという呼称とともに、ESDに係る活動が国内外に広げられてきた。

阿部(2017)は、ESDとは「端的にいえば、学校教育だけでなく、社会教育や企業内教育、生涯学習等のあらゆる場を通じて、『持続可能な社会の担い手を育てる教育や学び』のこと」だと記している。

阿部(2006)及び「ESDに関するグローバル・アクション・プログラム」(2013年、ユネスコ総会で決定)によれば、それまでの環境教育と異なるESDの特徴として、①個人の意識・行動に留まらずに、社会・経済構造とライフスタイルの変革を目指すものであり、②社会を持続可能な開発へと再方向付けするための変革的な教育であることがあげられる。

教育の方法論としては、③ボトムアップやプロセス重視、参加型の学習方法であること、④批判的思考、複雑なシステムの理解、未来を想像する力、参加・協働型の意思決定等の技能の向上を図ることに特徴がある。

3) ESDに関する国内外の動き

ヨハネスブルグ・サミットにおいて、日本のNGOと政府が「国連持続可能な開発のための教育の10年(ESDの10年)」の共同提案がなされ、2005年から2014年にかけて実施された。

ESDという合言葉が示されることにより、環境、貧困、人口、健康、食糧確保、民主主義、人権、平和等をテーマとする行政や市民活動の関係者が連携・協働を進め、分野縦割りであった教育・学習プログラムの統合化が進められてきた。地域では、岡山市や大阪府豊中市、仙台広域圏におけるESDを先導する動きが生まれた。

(2) 岡山市におけるESDへの取組みの経緯と特徴
1) 岡山市のESDへの取組みの経緯

岡山市におけるESDの取組みの経緯を表2-1に示す。取組みは、大きくESD開始前(2005年以前)、ESD立ち上げ段階(2005年～)、世界会議の推進段階(2012年～2014年)、その後(現在に至る)の4段階で整理できる。

表 2-1　岡山市における ESD への取組みの経緯

ESD 開始前	2001 年	「岡山市環境パートナーシップ事業」開始
	2002 年	持続可能な開発に関する世界首脳会議サイドイベントで発表
	2003 年	岡山市北区京山地区での公民館を拠点とした活動立ち上げ
ESD 立ち上げ	2005 年	「岡山 ESD 推進協議会」の設置、岡山 ESD プロジェクト開始
		国連大学より「RCE（ESD 地域拠点）」認定
		岡山市環境保全課に「ESD 専任職員」を設置
	2007 年	「岡山市公民館事業方針」に「ESD の推進」を規定
		岡山大学と岡山市が「ESD に関する協定」締結
世界会議の推進	2012 年	「ESD に関するユネスコ世界会議」岡山での開催決定
	2013 年	岡山市教育振興基本計画に ESD を位置づけ
		「ESD 世界会議推進局」を設置
	2014 年	「ESD に関するユネスコ世界会議」の開催
		「岡山市 ESD 推進条例」の設置
世界会議その後	2015 年	市民協働局 ESD 推進課設置
		「岡山 ESD プロジェクト 2015 − 2019」基本構想策定
	2016 年	「岡山 ESD プロジェクト」ユネスコ／日本 ESD 賞受賞

出典：岡山市及び京山地区 ESD 推進協議会資料より作成

　ESD 開始前。岡山市では、都市生活型公害、気候変動、生物多様性といったライフスタイルに起因する新たな環境問題に対応するために、市民一人ひとりの理解と行動、地域での合意を図るために、2001 年から「岡山市環境パートナーシップ事業」を開始した。

　同事業は、岡山市環境保全条例（2000 年 3 月公布）で規定された市民や事業者の環境保全活動をサポートするための「行動指針認定制度」に基づき、活動を行う市民や団体、事業者は活動を市に届出、市が認証・表彰等を行うことで、緩やかなネットワークをつくり、参加団体間の情報共有と理解、交流を図るものである。

　同事業には 1 年間で 1 万 2,000 人を超える参加者が集まり、成果をあげたことから、持続可能な開発に関する世界首脳会議（ヨハネスブルグ・サミット）において、ユネスコ主催のサイドイベントで発表した。先述のように、このサミットで合意されたのが ESD である。

サミットを受けて、国連大学高等研究所が「ESD の 10 年」の取組みの一環として「ESD の拠点（RCE: Regional Centers of Expertise on Education for Sustainable Development）」事業を始めた。

サミットでの岡山市環境パートナシップ事業についての発表と「ESD の 10 年」等への関わりから、国連大学高等研究所より、RCE への打診が岡山市、岡山大学等にあり、岡山市が賛同し、国連大学高等研究所の指導のもとで指定を受けることになった。岡山市は仙台広域とともに RCE に指定された最初の地域である（その後、北海道、横浜、名古屋、神戸、北九州が追加された）。

岡山市では賛同が得られた市内 19 組織（教育組織、市民団体、大学、企業、メディア等）とともに、「岡山 ESD 推進協議会」を設立し、「岡山市環境パートナーシップ事業」の枠組みを活かして、「岡山 ESD 推進プロジェクト基本構想」を策定した。2005 年のことである。

さらに、中央公民館の職員が中心となって取りまとめられた「岡山市公民館事業方針」（2007 年）の中で、公民館業務として ESD が規定された。その後、公民館職員による ESD の進め方について考えるプロジェクトチームが設置され、公民館職員対象の研修会（岡山 ESD 推進協議会主催）等が開催された。

やがて、「ESD に関するユネスコ世界会議」の日本開催が決まり、国内都市の誘致合戦となり、岡山市は名古屋市と共に選ばれ、岡山市にてステークホルダー会合等の開催が決まった。

市役所内に「ESD 世界会議推進局」を設置し、市をあげて、世界会議に取組んだ。これにより、ESD の裾野が広がり、世界会議開催後の基盤が形成された。ESD 世界会議推進局で取組んでいた ESD 活動支援は、世界会議終了後に市民協働局 ESD 推進課が引きつぐこととなった。

2）岡山市の ESD への取組みの特徴

岡山市における ESD への取組みの特徴として、4 点をあげる。

第 1 に、多様な組織・活動が緩やかに繋がり、地域全体で ESD を進めている。岡山地域では ESD 以前から様々な草の根レベルの活動が行われてきており、これを ESD として捉え直し、推進してきた。このため、ESD の活動は特定の分野に限られておらず、多様である。

第2に、大学や企業と連携しつつ、公民館を中心にするものとして方向づけられた。同時期に RCE に指定された仙台が宮城教育大学を核として学校教育が中心であったため、岡山市では岡山市役所を核に地域全体で社会教育を中心に推進する方針を示してきた。

第3に、環境政策として推進していた「岡山市環境パートナーシップ事業」を基盤にしつつ、横断的な事業を推進するために、「ESD 専任職員」を設け、公民館を拠点とした ESD 事業を推進した。さらに、市長の旗振りのもと直轄部局を設けて、世界会議を準備・運営し、世界会議終了後も ESD 推進課を設置する等、ESD を推進する人材と組織を確保している。

第4に、2003年から市立京山公民館を拠点とした ESD 活動が開始され、その活動が岡山市全体の ESD 活動の起爆剤となった。京山地区の ESD に関する取組みは、学校、公民館、地域コミュニティが一体となり地域ぐるみ（地域総働型）のものである。具体的な活動実績や中心人物の動きが、国連大学や岡山市長を動かし、市全体の取組みの推進力となった。

（3） 京山地区における ESD の立ち上げ

京山地区の中心人物は、池田満之氏である。同氏は京山地区で生まれ育ち、岡山ユネスコ協会理事等としてユネスコ活動や社会教育活動に深く関わるなかで、ヨハネスブルグ・サミットに岡山市特別代表として参加し、岡山市の取組みを発表したことを契機に、ESD をこの地に持ち込んだ張本人である。

現在は、岡山ユネスコ協会会長、岡山市京山地区 ESD 推進協議会会長、岡山 ESD 推進協議会運営委員長、ESD-J 副代表理事を務めるほか、岡山大学等での非常勤講師を兼務し、実践と人材育成の両面で活躍している。

京山地区は、JR 岡山駅に近く、大学3つ、高校3つ、中学1つ、小学校3つが地区内に立地する、人口2万5,000人の文教地区である。京山地区の ESD 推進協議会には、教育機関の他、行政施設である公民館、図書館、生涯学習センター、地域の企業・NPO 等が加盟しており、まさに地域ぐるみである。京山地区の圧倒的な活動のうち、主なものを表2-2に示す。

池田氏は、都市部である京山地区の持続可能性に関する課題として、「地域

でのつきあいをしなくても暮らしていける都市部の現実、その結果、地域で暮らしていながら自分の地域、自分のまちという帰属意識が弱く、自己中心的に暮らす人、地域社会の問題に関心の薄い人、関わりを感じていない人が増えた」ことをあげる。

そして、池田氏は、「子どもも大人も、この10年以上にわたる地域ESDの取組みによって、『社会に参画する力』『共に生きる力』『つなぐ力』がかなり高まってきたと私は実感しています。毎年開催している京山地区ESDフェスティバルを見ても、年々、参加する子どもも大人も増えていて、その関わり方が深まってきていることから実感できます」と記している。

表2-2　京山地区におけるESD活動

京山地区ESDフェスティバル	・2005年度から、関係者が一堂に会して、学びあいや交流を深める場として、年に1回「京山地区ESDフェスティバル」を開催している。 ・市長、教育長、学校長、議員、連合町内会長、コミュニティ協議会会長、老人クラブ会長、PTA会長、公民館長、生涯学習センター等が集まる公式イベント。 ・保育園や幼稚園の園児たちも発表し、保護者等の集まる場となっている。
伝統的な祭りと映画・演劇	・半世紀も途絶えていた伝統的な祭り「水神祭」を復活させ、歴史を未来につないでいる。 ・ビデオ撮影等に関心の高い地域の人を中心に映画づくりグループを結成して、地域の歴史、遺産、住民の生の声を記録する映画を制作している。 ・公民館を拠点に若い人達が集まって劇団ができ、ESD劇を制作して、地域の思いや伝えていきたい文化を劇で表現している。
多文化共生、地域の絆プロジェクト	・岡山市内で最も外国人が住む地域であり、文化や風習を理解し、認め合うような活動や外国人用「お医者さんマップ」を作成している。 ・障がいを持つ子どもや子育て世代、高齢者の問題等に地域ぐるみで取組んでいる。「地域の絆だより」の全世帯への配布、「子育てトーク」の定期的な開催等。

出典：阿部（2017）より作成

公民館の活動は高齢層を中心としがちであるが、京山地区では大学生との連携が図られてきた。岡山大学在学中に環境問題への関心から京山のESD活動に参加し、現在は会社員をしながら、京山地区ESD推進協議会理事を務める井上紘貴氏もその一人である。

同氏は、これまでのESD活動において、「小中学生が大人に遠慮することなく、活動をする様子に学ばされた」という。「人の意見を認め、受け入れるという多様性」があり、それによって実現される持続可能な社会とは「学び合うことによる自己肯定感がある社会」だという。

(4) 藤田地区と高島地区でのESDの立ち上げ

京山地区につづき、初期段階でESD事業が立ち上がったのが、藤田地区と高島地区である。

1) 藤田地区：干拓地の農業をテーマにしたESD活動

ESDの立ち上げ段階でモデル的に取り込まれた地域の一つが藤田地区である。明治時代に造成された大規模な干拓地。児島湖を干拓した大型農業の地で、平たい地形に水田が広がる。しかし、地域の若者達は、地域の農業や地域の歴史への関心が薄い状況にあった。

地区内の3つの小学校、1つの中学校、1つの高校・公民館等に、地域の人や大学生が加わり、「農業」を共通テーマとして、ESDに取組むこととなった。その中でも小学校の総合学習を連携して行ってきた結果、子どもたちの地域への愛着心や農業への就労意欲の高まりが生まれてきている。

ボックス1　藤田地区の小学校での総合学習（原明子氏インタビューより）

　藤田地区の3小学校では、4年生「地域の宝物ってなあに？」、5年生「藤田に農業は必要か？」、6年生「幸せってなんだ？」というテーマで総合学習を行っている。

　干拓地の農業では、担い手が高齢化し、子世代は会社勤め。農業の未来が共通の課題である。大型機械を使うため、孫（小学生）も農作業を手伝うことはない。田んぼの水は水道の水と思っている子もいるくらい。灌漑用の農業用水路は危ないから入ってはだめと言われているので魚とりもしたことがない。

　しかし、ESDが始まってから、まず自分たちの住んでいる学区のよさを知ろうと、用水路に入って魚とりをしてその豊かさを発見する学校があり、バケツで様々な品種の稲を育て、農家と議論する学校があり、通学路の農地に何が植えてあるか調べ学習をする学校がありといった学習を行っている。

　また、3つの小学校の5年生は全員、秋に農家へのインタビューを行う。あらかじめ農業高校生にインタビューの練習をさせてもらい、当日は保護者も一緒にグループを作って学区の農家に行き、小学生を中心に質問する。

　農家のおじさんは、農業の何が楽しいかと聞かれ、「金甲山に登ると、麦の穂が緑一面にそよいでいる。本当にきれいだと感動する」と答える。真剣に質問してくる子どもたちとの交流や自省の時間を持つことで、もう農業をやめようと思っていた農家にも元気が出てくる。

　学習の成果は、公民館で地域の人たちも招いて発表の機会を設ける。藤田の農業から未来について考える学習であり、農業を学ぶ学習ではないが、結果的に地域に魅力を感じ、おじいちゃんの田んぼを継ぎたいという子どもも出てきた。また、高校でも状況の変化がみられる。これまでは、農業高校に行っても、ほとんどは農業以外の職についていたが、今は農業をやりたいと積極的に農業高校に進む中学生が出てきた。

　小学校から高校まで連携して地域の未来について考えることで、子どもから大人へ、地域へと変容の波が広がっている。

2) 高島地区：国の天然記念物アユモドキをテーマにしたESD活動

　高島地区は、岡山市の中心市街地の北東に位置し、農地を残しつつも市街化が進行する地域である。水環境が豊かで多様な野生生物が生息するが、その象徴的な種としてアユモドキがある。琵琶湖・淀川水系と岡山県下の旭川等数河川の水系のみに住んでいる貴重な淡水魚で、国の天然記念物に指定されている。

　アユモドキは、毎年6月頃、水田内に水が入る時期に合わせて水田内等で産卵し、稚魚になると水路に戻るという生態を持つ。しかし、水路のコンクリート化や水田の改修、周辺の市街化が進んできた。アユモドキのためには、水路の掃除の際に水を切らないようにする必要があるが、そのための水路管理が農業関係者の負担となる。水路の掃除の際、アユモドキが死ぬ事故があり、文化庁のおとがめをうけたことがあった。このため、長年にわたり、地域の農業関係者とアユモドキの保護を主張する環境保護団体の対立が生じていた。

　そこで、ESD事業の一環として、公民館が中心となり、アユモドキの勉強会を行った。また、小学校ではアユモドキの副読本をつくった。地元の小学

表2-3　岡山市における多様なESD活動の例

ダルマガエルの保護	・岡山市北区大野学区内において、絶滅危惧種ナゴヤダルマガエルを保護する活動を行っている。住民、農業者、企業、市、教育機関等が連携して、ダルマガエル保護田んぼの整備、田植え・稲刈り・収穫祭のイベントによる啓発・普及、息地で生産されたお米のブランド化、生息状況の調査等を行っている。
市民共同発電と環境教育	・「おかやまエネルギーの未来を考える会」が公民館等の屋根上に、太陽光発電を設置。市民出資で太陽光発電を設置することで、市民とのつながりを高めるとともに、環境教育を実施している。小学校での出前授業、公民館講座等への講師派遣等を行っている。
民間廃棄物処理施設での学び	・藤クリーン株式会社が、産業廃棄物の中間処理施設内に、案内板や見学路、処理施設内で生産するリサイクル品を利用したビオトープ等を設け、持続可能な社会づくりに係る学びの場として取組んでいる。また、小・中高生、大学生、一般の処理場内見学の受け入れ、出前授業等を行っている。

出典：岡山市資料等より作成

校5年生が「総合的な学習の時間」の中で、小学生によるアユモドキ人工繁殖（2009年より）の取組みを行うようになった。

農業関係者と環境保護団体の話し合いも始まり、行政機関も加わって、アユモドキの保護のための水路管理等のルールづくりが進んでいる。

3) 多様な地域のESD活動

岡山市内でのESD活動はさらに多様である（表2-3）。生物多様性分野では、ダルマガエルの保護活動が有名であるが、それ以外にも里山、里海に関する活動がある。また、市民共同発電の設置と環境教育、民間廃棄物処理施設の環境教育拠点化等、多様な試みがESDとして位置づけられている。

（5） ESDの市民への浸透について

岡山ESDプロジェクトへの参加組織は、当初19組織であったが、現在は約280組織に拡大している。また、市内のすべての公民館（37館）において、活動の重要な柱の一つにESDが位置づけられ、ユネスコスクール（学校教育におけるESD推進拠点）に市内53校が認定されている。

こうした地域ぐるみの取組みは市民に根付いてこその成果であるが、その状

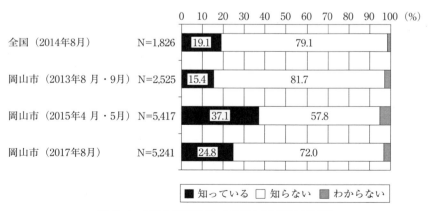

図2-1　ESDの認知度（全国と岡山市の比較）
出典：全国のデータは内閣府による「ESDに関する世論調査」より、岡山市のデータは岡山市が2年おきに実施している市民意識調査より作成。

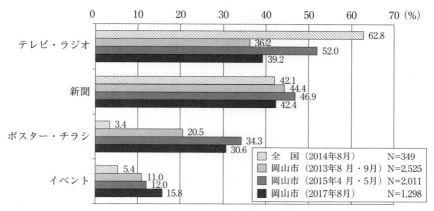

図2-2　ESDの認知媒体（全国と岡山市の比較）
出典：図2-1と同じ。

況を市民アンケートにより確認することができる（図2-1、図2-2）。

　ESDの認知度については、全国は調査員による個別面接聴取、岡山市は郵送による調査であり、また調査時点が異なるために一概に言えない。一般に、郵送による調査では関心がある層が回答する傾向にあるためである。岡山市内の認知率の時系列の比較では、ESDユネスコ世界会議前の2013年に15.4％であったが、大会後の2015年に認知度が大きく高まり、その後2017年には認知度の低下がみられる。大会効果が大きかったことがわかるが、ESDの認知度が定着していないとすれば課題となる。岡山市の調査結果では、年代別の集計結果も示されているが、2017年調査において、10才代の認知率が28.8％、40才代で31.1％と高いことが特徴である。学校教育や企業での取組みがこれらの世代の認知率を高めていると推察される。

　ESDの認知媒体は、全国ではマスメディアに限定されるのに対して、岡山市内ではポスター・チラシ、イベントの回答が相対的に多い。ESDに関する地域での実践活動が市民にESDを伝える媒体となっている。

(6) 学ぶべき点と今後への期待

岡山市における ESD への取組みについて、筆者の評価をまとめる。

第1に、岡山市の ESD への取組みは、間違いなく、「環境コミュニティ力」を高めてきた。「環境コミュニティ力」とは、「環境保全・活用に参加しようとする地域住民や事業者、地域行政等の主体の力と主体間の関係の力」（白井（2012 より）である。図 2-3 に、環境コミュニティづくりの積み木構造を示す。「環境コミュニティ力」はヒューマンウエアであるが、これとハードウエアとソフトウエアが組み合わさって、地域資源を活用することで、地域活動が展開される。この積み木構造がダイナミックに動いている状況が地域の活性化である。

京山地区の取組みは都市部における人と人のつながり等の希薄化、藤田地区では農業地域における農業離れ、高島地区では宅地化の進む地区での農家と非農家の対立等の課題に取り組むことで、人の意識と関係者とのつながりが高まってきた。環境コミュニティづくりの入れ子構造がダイナミックに動いてきた。

第2に、岡山市における ESD 活動における弱点である。気候変動（地球温暖化）に関する ESD は、市民共同発電事業を担ってきた「おかやまエネルギーの未来を考える会」による環境教育はあるものの、気候変動が地域課題と

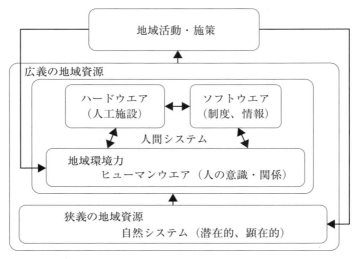

図 2-3　環境コミュニティづくりの積み木構造

して捉えられ、公民館活動で実践されている様子はない。西日本豪雨で災害がないと思ってきた岡山で甚大な被害を受けたことは、気候変動の進展と無関係ではなく、気候変動の影響が既に地域に現れていることを踏まえ、気候変動を地域課題化、自分事化するESD活動が期待される。

　また、環境、経済、社会の3側面の統合でいえば、環境と社会の統合に関する取組みが中心であり、経済面を組み込んだ統合的活動に余地がある。大手小売店におけるエシカル消費イベント等があるが、商店街や中小企業における地域環境活動は余地がある。地域の環境を活かした住民主導の経済事業（環境コミュニティ・ビジネス）の活発化も期待される。

　第3に、社会変革に向けたESD活動についてである。前述のように、ESDは、一人ひとりの意識とできる範囲の行動を変えることに留まらず、社会変革（社会・経済構造とライフスタイルの変革）を目指すものとされてきた。しかし、岡山市におけるこれまでのESD活動は社会変革という面での成果をあげてきたといえるだろうか。社会変革を目指すのであれば、未来の社会ビジョンを描き、共有し、そこからのバックキャスティングにより現在、行うべきことを考え、行動していくことが必要である。得てして、未来の社会ビジョンを現在の社会の延長上で描きがちであり、変革への踏みだしを起動させないことが多い。

　筆者は、社会変革においては、経済成長至上・技術万能主義、中央主導の慣性システム、野放図の都市構造から脱却していくことが必要だと考える。このためには、より根幹的な問題に取り組む活動も必要となる。

　例えば、大量流通・大量消費・大量廃棄（大量リサイクル）という構造は環境負荷が大きいとともに、少量で零細な産業を比較劣位なものとする。あるいは、ロードサイドに広がった都市は交通の自動車分担率が高く、自動車を持たない者の生活を危うくする構造であり、根幹の問題として捉える必要がある。

　おりしも、2015年9月にニューヨークで「国連持続可能な開発サミット」が開催され、「持続可能な開発のための2030アジェンダ」が採択された。同アジェンダの中核であるSDGsは、2016年から2030年までの達成目標を示すもので、地域においてもこれを取り入れる動きが活発化している。SDGsを契機にして、岡山市における持続可能な地域づくりのゴールに関する議論が活発化し、その手段としてのESD活動の新たな展開が期待される。

3. 天満屋と地域発展

（1） 百貨店を取り巻く状況

　百貨店を取り巻く状況は厳しさを増している。『ストアーズレポート』(2018. Aug) は過去20年間の動向をまとめているが、それによると、全国百貨店暦年売上高のピークは1991年の約9兆円で、いわゆるバブル時代だったが、2017年の売上高は約6兆円で、ピーク時に比べると約3兆円、約38％減少している。厳しさは店舗数にも表れており、店舗数のピークは1999年の311店舗で、2017年末は226店舗まで減っており、実に85店舗が閉店に追い込まれている。その主なものは地方百貨店である。

　総売上だけでなく、品目別売上高構成比の推移を見ると、百貨店の実態の一端が浮かび上がる。もっとも構成比が高まったのが食料品で、1997年の22％から20年後には27.8％まで上昇している。いわゆる「デパ地下」と食関連の物産展催事の人気が、百貨店業態の強みとなっていることがわかる。また、雑貨の構成比も上昇しており、それを牽引してきたのが化粧品である。毎年売上げを伸ばしており、訪日外国人観光客の旺盛な消費と、国内女性が百貨店の「デパコス」に関心を高めていることがわかる。反対に大きく構成比を減らしたのが衣料品で、売上げのピークから約53％減少し、約2兆円も売上げを減らしている。特に婦人服の低迷が目立ち、構成比は25％を超えていたが、2017年は19.7％まで減少している。衣料品市場の変化に適応できていない状況が浮かび上がる。

　しかし、減少傾向だった全国百貨店売上高は、2017年は3年ぶりに前年実績を上回った。要因は、株高を背景とした資産効果による高額品消費と、訪日外国人観光客の旺盛な消費であった。

　つまり、売上げの減少は続くが、「物産展催事、デパ地下、化粧品」は百貨店の強みで、他業態はまだ勝てないこと、しかし婦人服をはじめ衣料品は大きく売上げを減らしていること、そして近年の株高と、訪日観光客の消費に助けられ、なんとか減少が一時的に止まっているというのが、百貨店を取り巻く、

今の状況であろう。

> ［百貨店を取り巻く状況］
> ・売上高の減少、店舗の閉店（特に地方）は続く。特に衣料品、中でも婦人服の不振が顕著。
> ・しかし「物産展催事」「デパ地下」「化粧品（デパコス）」は百貨店の強み。
> ・株高や訪日外国人観光客の旺盛な消費により、一時的に減少が停止。

（2）天満屋の現在地

このような厳しい環境の中、天満屋の"現在地"について確認しておこう。天満屋の創業は文政12年（西暦1829年）で、2019年で創業190周年を迎える、日本を代表する老舗百貨店である。

野中（2007）は、「戦前に地方都市で開業した百貨店」として、岡山の「天満屋」、鹿児島の「山形屋」、福井の「だるま屋」を取り上げ比較研究しており、これらが戦前から営業する地方を代表する百貨店だとしている。

天満屋はまた高い売上高も維持している。東京商工リサーチによれば、全国

表2-4 「地場独立系」百貨店35社の売上高ランキング（2018年決算）

順位	商号	所在地	売上高（百万円） 最新期	（前年比）
1	（株）天満屋	岡山県	86,470	（▲0.83%）
2	（株）松屋	東京都	80,333	（ 5.44%）
3	（株）井筒屋	福岡県	58,226	（▲1.38%）
4	（株）鶴屋百貨店	熊本県	57,707	（ 0.93%）
5	（株）福屋	広島県	50,904	（▲0.70%）
6	（株）丸広百貨店	埼玉県	49,687	（▲3.11%）
7	（株）藤崎	宮城県	44,352	（ 4.05%）
8	（株）山形屋	鹿児島県	43,745	（▲0.43%）
9	（株）大和	石川県	43,016	（▲1.97%）
10	（株）トキハ	大分県	42,783	（▲2.12%）

出典：東京商工リサーチ（http://www.tsr-net.co.jp/）より筆者作成

主要百貨店78社のうち、「地場独立系」百貨店35社の中で売上高トップは天満屋の864億円であった。同調査では「天満屋ストア等のグループ企業と一体経営を展開し、地場の雄として知名度は高い」と分析している。

このような長きに渡り存続でき、さらに高い売上高を維持できている要因については、様々な分析がなされている。例えば、近藤（1993）は、天満屋の多角化戦略について考察しており、生き残りをかけた天満屋グループとしての1966年から始まった第一次、第二次、第三次にわたる多角化戦略が、核となる百貨店の存続に寄与したとしている。つまり天満屋は、百貨店単体ではなく、天満屋グループの核として存在意義が高まっているのが現状であろう。

［天満屋の"現在地"］
営業年数：創業190年
売上：現在も「地場独立系」百貨店の売上高トップ、全国でも有数。

それではなぜ天満屋はこのような現在地を獲得できたのか。重要なのはここに至るまでの「歴史」である。天満屋の歴史を4期に分けて見ていく。特に百貨店ビジネスが最盛期を迎える1990年代までの3期を「3つの企業ストーリー」として整理し、その後の2000年代の現状を4期として考察する。

（3）最盛期に至る「3つのストーリー」と現在

これから3つの企業ストーリーについて述べるが、「意味マップ」という分析手法を用いる。意味マップはリプス・ウィルスマ（Lips-Wiersma）博士が開発したもので（神戸、2016）、企業の成功ストーリーを分析する手法として適している。

意味マップとは企業の成功ストーリーを「①スキル・専門性の獲得 → ②転機と新たなコンセプトの創発 → ③組織や事業の再編 → ④顧客・社会の課題解消」という4つのストーリーとして描けるというもので、それが「自己志向 ― 他者志向」「Doing（行動）― Being（あり方、熟考）」という2軸によるマップ上に描けることから意味マップと名付けられた（図2-4）。

「意味」とはもともとは働く人にとっての意味だが、企業ストーリー分析で

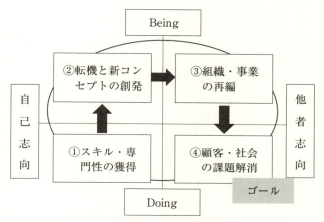

図2-4　意味マップによる企業ストーリー分析

は、「成功ストーリーの中で意味のあった出来事」という意味で使う。

　意味マップ分析は、「ゴール」を設定することから始まる。ゴールとは商売や商品、キャリア等の"成功"である。マップで言えば④にあたる。この④（ゴール）に至る道筋を分析していく。あるいは②の「転機」を設定することから始める場合もある。今回は「3つの転機」とそのゴールを設定し3期までの歴史を見ていき、最後に4期について考える。

1）1つ目の転機：創業コンセプトの創発から西大寺での成功まで

　1つ目の転機は創業時である。社史である『天満屋百五十年史』等を紐解くと、創業者の伊原木茂兵衛は灰屋の次男として生まれた。灰屋とは貝殻を焼いて作る石灰をもとに建築資材や薬品を作る商売である。このため、吉井川があり、貝殻が豊富な西大寺に移り住んだ。

　出入りする商人たちの話を聞くうち、商都大阪にあこがれ、大阪で商売の修行を重ねる。大阪での体験から当時の商習慣に違和感を抱き（転機）、大きな野望を抱く。それは「あらゆる品物を薄利で、現金掛け値なしで多売する店」という、当時の商習慣では考えられない夢であった（新コンセプト創発）。当時の商習慣では値引き交渉をしながら値段を決めるのが普通で、「現金安売り、掛け値なし」は異例であった。

さらに、茂兵衛はそれに「よろず商う」を付け加えた。やがて西大寺に戻った茂兵衛は37歳で独立し、くし、かんざし等を売る小間物屋を創業。それがのちの天満屋となる。

　茂兵衛は「あらゆる品物を値引きすることなく、薄利で多売することに専心すれば、自然とお客様が増えいつまでも栄える」と考えた。当時は、客との掛け引きで値段を決めるのが常道で、「一厘もまけない」は商売の外道とみなされ商売の邪魔をされることが多々あった。この障害を乗り越えた原動力は、真に顧客本位を願う遠大な理想と商品と値段に対する絶対の自信であった。

　やがてよその店で長い時間をかけて安く買ったつもりの商品が、天満屋の方がそれより安かったということが重なり、値切らない店に口コミで客が集まり繁盛した。「まけない」ことに関し、備前出身で負けない玉の森という力士にかけて、「近ごろマケないものは備前の玉の森と天満屋」という言葉が流行るほど西大寺一番の店となった。こうして「よろず商う×一厘もまけない店」というコンセプトが実現した。

　この大阪修行とコンセプトの創発場面が第1の転機である。それをストーリー分析したものが図2-5である。このコンセプトは今もぶれない。商品と値段に対する絶対の自信は、家業や大阪修行で培ったものであり、優れたスキル・専門性の獲得といってよい。「掛け値なし」は交渉に時間がかかる上、商売のプロである店側に有利に値段が決められていた当時の顧客や社会の課題を

②転機と新コンセプトの創発	③組織・事業の再編
「あらゆる品物を薄利で現金掛け値なしで多売する店」を作りたい ↑ 大阪での商体験で違和感	西大寺で小間物店を創業。くし、かんざし等「一厘もまけなし」で販売。他店は反発。
実家は灰屋、商売の基本を学ぶ。商都大阪にあこがれ大阪で修業。 ①スキル・専門性の獲得	「値切らない店」は顧客の課題を解消し商売繁盛。西大寺で一番の店に。 ④顧客・社会の課題解消

図2-5　第1の転機とストーリー：第1期　初代茂兵衛

解消したからこそ、顧客に受け入れられたのであろう。

2) 2つ目の転機：鉄道輸送への転換から岡山市中心部での成功まで

当時は鉄道がなく水上輸送が中心で、高瀬舟で県北から荷物が西大寺に運ばれたため西大寺が物流の中心であった。茂兵衛の商売も順調に推移したが、大きな危機が襲う。

幕末の「安政の札つぶし」である。派兵を求められた藩が藩札を乱発したため価値が暴落し異常なインフレが起こる。藩札が紙くずになる恐れから商売をやめる同業者が相次いだが茂兵衛は平然と商売を続けた。

庶民は天満屋に押しかけ3日で商品がなくなり、店内は藩札の山になった。やがて騒動がおさまり、藩札は紙くずにならなかったため、結果的に「莫大な儲け」を得た。商人としての気骨を貫き商売を続けたその行為は高く評価され、「一厘のまけなし」という茂兵衛の見識や姿勢が札つぶれを契機に改めて再認識された。

その後、呉服を手掛けるようになる。二代目社長となった伊原木藻平は、天満屋銀行等の金融業にも進出している。1891年に岡山まで山陽鉄道が開通したのを機に金融業に専念し、西大寺の呉服店は養子の伊原木久三郎が引き続いた。1903年、藻平の引退とともに、久三郎は三代目社長として三代目伊原木藻平を襲名した。

山陽鉄道の開通から、高瀬舟が鉄道にとって代わられ、西大寺は町の発展の基盤が崩れた。三代藻平は岡山への進出を決断し、市内の土地を次々と取得し、1912年に岡山市中之町に呉服店を開業。1925年に天満屋百貨店が開業する。地方では山形屋、丸井今井（札幌）、だるま屋に次ぐ、百貨店開業だった。

つまり、第二の転機は、西大寺の衰退と岡山市への進出である。その転機とストーリーをまとめたものが図2-6である。時代を読む目、商売の中心がどこに移るかを予測する立地戦略が重要であった。また、正しい値段をつけた札を用いた「正札販売」はやがて顧客間に浸透し、「天満屋は子供が行っても、大人が行っても同じ値段だから安心して買い物できる」という評判が高まり、岡山市の中心街でも成功することになる。

また、岡山市への進出に際し岡山城周辺を選んだのも、いわゆる城下町が商

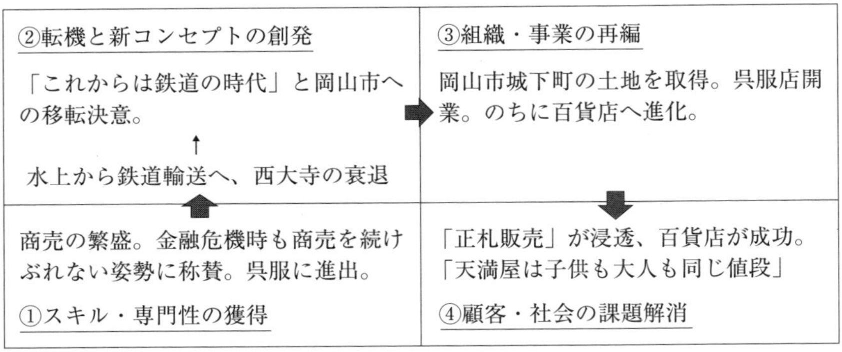

②転機と新コンセプトの創発	③組織・事業の再編
「これからは鉄道の時代」と岡山市への移転決意。 ↑ 水上から鉄道輸送へ、西大寺の衰退	岡山市城下町の土地を取得。呉服店開業。のちに百貨店へ進化。
商売の繁盛。金融危機時も商売を続けぶれない姿勢に称賛。呉服に進出。 ①スキル・専門性の獲得	「正札販売」が浸透、百貨店が成功。 「天満屋は子供も大人も同じ値段」 ④顧客・社会の課題解消

図2-6　第2の転機とストーリー：第2期　二代目藻平・三代目藻平（久三郎）

売の中心になるという読みがあったからだ。

3）3つ目の転機：戦争による全館焼失から最盛期（1990年代）まで

　岡山では初、全国でも地方百貨店として4つ目の百貨店として開業した天満屋百貨店は岡山県民に支持された。その様子は、人が殺到してご迷惑をかけたという謝罪広告が残っているほどである。岡山初のエレベーターの設置は多くの話題を呼んだ。

　しかし、大きな転機が戦争であった。1945年6月の岡山空襲で一夜にして天満屋は全館焼失。廃墟の中、生き残った従業員を集めた集会が安住院で開かれた。当時資本金が220万円の中、約600万円の被害総額で、当時80才であった藻平社長は「もはや復興はむずかしい」と復興を断念した。しかし、伍朗専務が「岡山の人の生活を守らないといけない」「配給業務を続けるためにも天満屋は決して解散してはいけない」と主張し、また若手従業員の「私たちは3か月、6か月無給でも構わない」という声が重役会に届き、復興がはじまった。

　物資がない中、従業員達は大阪等様々なところに出かけ、物資を調達し岡山の人に届けたことは、岡山の人の心の中に今も深く刻まれている。四代目社長に就任した伊原木伍朗は「地域社会への奉仕と天満屋福祉会社の建設」を新経営理念とした。企業は地域のあゆみと共にあり、地域社会の発展に貢献してこそ、その余慶として業容の拡大と利潤が得られるという考え方である。戦争の

記憶から「戦争を防ぐのは、経済の発展と文化の発展ではないか」と考えた。経済が悪くなるから戦争が起こる、文化程度が高くなれば戦争は起こらない。この考えの象徴がバスターミナルの設置と、葦川会館の建設だろう。

　四代目伍朗は様々な業績を残しているが、その重要な一つがバスターミナルの併設である。1949年、天満屋にとっても岡山市民にとっても画期的な出来事があった。それは天満屋バスステーションの開設である。

　経済の発展には交通の発展が欠かせないが、当時のバスはその起点が市内に散在しており、ショッピングや通勤の足として不便であった。そこで散在しているバス路線の起点を1か所に集める必要性があると考え、天満屋を起点とすることにした。こうしてわが国初の百貨店バスステーションが誕生した。すべてのバスが「天満屋行き」と表示され、バスがすべて天満屋を通るようにしたことは、天満屋をはじめとした商店街等の一帯が、岡山市の商業の中心として栄える一つの基盤となった。結果として、バスは岡山市民の重要な交通の足となり、バスの発展とともに、経済の発展、天満屋の発展が実現した。

　また岡山市民の精神生活の充足として文化発展をリードしなければいけないという理念から、日展等を誘致し、音楽や演劇等の公演施設が公会堂しかないことから、1953年に葦川会館を建設し開館。こけら落としには世界的ピアニストであるクロイツァー氏ピアノ独奏会を催す等、岡山で中央の演劇、音楽を生で見聞できるようにした。

　つまり、第三の転機は戦争による全館焼失である。その転機とストーリーをまとめたものが図2-7である。戦争の教訓から、地域社会への奉仕を掲げ、地域の経済と文化の発展が戦争を防ぐという思いから、バスターミナルの併設と文化の中心となるべく葦川会館の建設を決めた。そのことは、自己都合ばかりの追求ではなく、他者志向の経営が結果的に成功を生んだといえるのではないだろうか。

　このような歴史を持つ天満屋は、地域の人たちにどのように受け止められているのか。いわば「心」の中の天満屋である。これを知る手がかりになるのが『からたち』という冊子だ。これは創業175周年を記念して、天満屋に対する思い出を地域住民から募集したもので、これを読むと天満屋がいかに岡山県民

②転機と新コンセプトの創発	③組織・事業の再編
「地域社会への奉仕」を理念に（地域の発展なくして天満屋も平和もなし） ↑ 戦争で全焼。復興を決意「無給でも地域の人のために」	バスターミナル、葦川会館の設置で地域の経済文化をリード。広島進出、天満屋グループの形成。
初のエレベーター等、百貨店ビジネスの成功	岡山県民にとって天満屋で買うことがステイタスという心の獲得（『からたち』）、地方百貨店売上げトップ。
①スキル・専門性の獲得	④顧客・社会の課題解消

図2-7　第3の転機とストーリー：第3期　四代目伍朗　五代目一衛

にとって必要不可欠な存在かがわかる。

　一つの思い出を紹介したい。「天満屋で買ってきて」と題されたものだ。

　　今日も母からメモを渡される、そのメモは天満屋でこれとこれを買ってきてというメモだという。それも細かくてこれは、廊下の下のあそこの店等と細かく指示されているという。実は母は癌で、天満屋近くの病院に入院している。母はずっと天満屋で商品を買っていたので、買い物は必ず天満屋と決めていて、自分が行けなくなったあとも子供の私に病院からお使いを頼んでいたのだ。そして最後の母の日のプレゼントは天満屋で買ったパジャマで、何かを入れる袋さえも天満屋の紙袋じゃないと不機嫌になったという。そして七夕の前日に天満屋で買ったものに囲まれて旅立った。

というエピソードだ。

　筆者もこれを読んで涙したが、人生の最後にもう自分の寿命が長くないとわかったとき、天満屋で買い物したい、天満屋で買ったものに囲まれていたいと思うというのは、岡山の人にとって天満屋が特別な存在になっていることを如実に物語っている。最後はあの百貨店で買い物したいと思う百貨店が他にあるだろうか。地域住民にとって、天満屋で買い物することが誇りであり、天満屋で買い物できる自分を誇りに思うような関係性が築かれていることが伺える。

4) 4つ目の転機：百貨店ビジネスの限界と今後の課題

　2000年代に入ると、百貨店は厳しい時代を迎える。東京商工リサーチによると「2018年地場独立系百貨店の8割が減収、4割が赤字。地場百貨店は、地域に密着し老舗の信用があるとはいえ、閉塞感が漂う地域経済では収益改善を図る方策は少なく、厳しい経営環境に直面。閉店を余儀なくされるケースが目立つ。創業1615年で400年以上の歴史を持つ丸栄（名古屋市）は2018年6月に閉店、山交百貨店（甲府市）は2019年9月に閉店を表明。『地域一番店』の名を欲しいままにしていた百貨店は、地元財界の顔で地域住民へのステイタスも築いていたが、消費形態の変化、地域空洞化が進み、百貨店の持つ魅力は薄れ苦戦が続き今後いかに人を呼び込む施策を生み出し業績回復に繋げるか、百貨店ビジネスはその真価を問われている」と分析している。

　たしかに地方百貨店は、軒並み複合施設や通販、専門店等に取って代わられようとしている。しかし、それなりの存在意義はあるはずで、これについては本節の最後にまとめる。

（4） 意味マップを使った最終分析

　これまでの議論をすべて盛り込んだ意味マップが図2-8である。ストーリーの中心にすべてを貫く精神性を置くが、ここでは「地域と共に」とした。

　100件の顧客の思い出を集めた『からたち』から、天満屋がどのような存在だったかキーワードからまとめると、天満屋は「岡山県民の『憧れ』『キラキラした』場所、『豊かさ』『幸せ』『平和』『一流』の象徴、慣れ親しんだ『オアシス的』存在である。『天満屋へ行こう』は子供も泣き止む魔法の言葉で、その包装紙は『ええ品（良い品)』『安心の証明』であり、人生の『節目』『ハレの日』は天満屋という『人生のパートナー』、岡山県民の『誇り』であり、『岡山イコール天満屋』といえる岡山県民にとって『無くてはならない存在』」であった。

　思い出をまとめると、天満屋は「『母』との思い出、『祖母』『祖父』『父』『家族』『店員』との大切な思い出の場所であり、親から子へと引き継がれる『三世代』『四世代』の物語があり、『天満屋うどん』をはじめ食べ物や、『葦川会

館』等の施設の記憶の場所」と言える。190年続くキーワードを探ると「人生のパートナー」「ハレの日の買い物場」「節目での買物」及び「三世代」「四世代」という言葉だ。世代を越えて継続していく購買習慣の形成と連鎖が190年続く理由なのだろう。

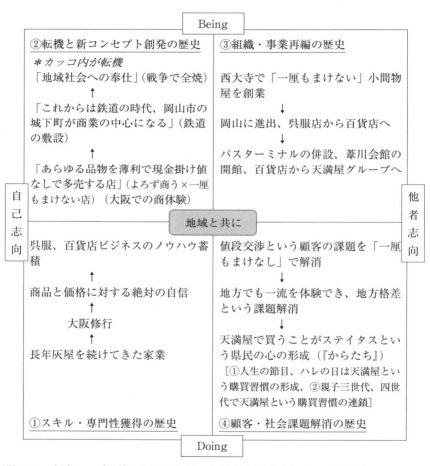

図2-8 意味マップを使った最終分析〜3期（1990年代）までの天満屋ストーリー

（5） 第七代社長インタビューに見るこれからの天満屋と地域の未来

2019年3月13日に天満屋の第七代社長で、現在はグループ会社「丸田産業」の社長である伊原木省五氏にインタビューを行った。インタビューの主な内容、重要な言葉を紹介する。元社長の言葉で驚いたのは「百貨店は終わった」という言葉だ。地方百貨店1位に君臨するなかでこの発言である。天満屋グループ全体で考えているというのが真意であろう。今後どのような展開を見せてくれるのか、新しい百貨店の姿、岡山の未来に期待したい。

第七代社長の言葉

- 百貨店というビジネスは終わった。これ以上拡大することはない。今、天満屋グループ各社の利益が増えている。しかし、コアとしての天満屋はとても重要で、存続し続けるだろう。
- 例えば、天満屋のお客さんから旅行の相談を受けることが多かったので、天満屋トラベルを作る等、天満屋の顧客がコアとなっている。グループ全体のシナジーで伸びていく。
- （はじめは西大寺で商売）昔は川で商品を運んでいて、西大寺が物流の中心だった。（そして岡山市に移り）川から鉄道へ物流の中心が変わった。私たちの商売は生活様式が変わればそれに合わせる、街が動けばそれに合わせる商売である。
- 百貨店が果たす地域の役割とは何かを常に考えてきた。しかし、百貨店は時流に乗り切れていないのが現状である。特に地方は厳しい。人口減少に加え、販売の選択肢も増えた。
- 大都市では各百貨店は変革を試みている。三越伊勢丹は中心の3店（日本橋、新宿、銀座）でより「百貨店らしさ」を追求する試みをしている。高島屋は百貨店とショッピングセンターの二刀流。大丸松坂屋は銀座シックス等の森ビルと組んでテナント業に傾斜。イオンモールはまさにテナントビジネス。小売と言うより不動産業である。セブン＆アイHDは大半はコンビニからの利益である。
- （地方百貨店では1位、岩田屋等を抑えて）岩田屋は百貨店らしさを追求する実験をし、場所貸しではなく仕入れから販売まで自前の従業員で個性を出そうとしたが、人件費だけ増え利益はそれほど伸びなかった。それで三越の傘下に入った。丸井今井と岩田屋と天満屋が地方の大手と言われたが、丸井

今井も伊勢丹の傘下になった。
- （百貨店は9兆円から6兆円に）百貨店がダメになったのは衣料品、特に婦人服。流通の流れが大きく変わった。ユニクロ等。品質が変わらないのに価格が倍なら買わない。
- （天満屋は呉服が強い？）着物はユニクロや通販は入れない。しかしハレの日だけである。
- （百貨店は化粧品が強い？）強いブランドを入れる等で差別化を図りやすい分野である。イオンモールもトライしている。高級ブランド集めた場所を作った。会社帰り等に気軽に買えるようにと。しかし、ほとんど売れていない。それなりに高い物はそれなりの雰囲気で、それなりの販売員から買いたいのか。不思議な顧客心理である。そこが百貨店の強みである。
- （家具も強い？）今ほとんど売っていないが、高級ベッド等は売れている。
- （家電も強い？）家電は大量仕入れ大量販売の商売。売上げ数に応じて利益が上乗せされる。うちはヤマダ電機と提携している。
- （岡山進出の際、岡山駅前ではなく今の土地を選んだのはなぜか）城下町という発想。京橋からお城あたりで商業が盛り上がっていたので、ここが商業の中心になるという読みであった。駅周辺はまだ何もなかったので。地方はそういうケースが多い（熊本の鶴屋等）。
- （バスターミナルの設置は大きかったでしょうか）当時の社長、私の父がもと阪急だったから足が必要だとなった。たしかに大きかったが、天満屋にバスを集約するのがいいのか、将来を見据えて考えないといけない。
- （表町商店街との関係は？）商店街も時代に合わなくなっている。最大の問題はまとまりがなく、事情もばらばらで意思決定できない所である。市民会館ができるのでこれを起爆剤にしたい。朝市のあたりに食事ができる一帯、若者が集まる一帯を作る等、一緒に地域を盛り上げていきたい。
- （地域を大切に？）私たちの商売は地域がよくならないと成り立たない。売るのは地域なので。例えば、車を作って米国に輸出するビジネスなら米国の経済が重要だが。地域をどうやって盛り上げていくか、良くしていくかが、我々の企業の繁栄の基本だと思っている。
- （『からたち』を見ると特別な存在とわかる、憧れの存在）百貨店からそれを取ったらなにも残らない。愛顧。販売員とのつながりが大事である。しかし、それも時代とともに変わってきた。
- （やはり一流を届けたいと？）昔は地方の方が目に触れる機会のないもの、芸

術や商品を届けるのが役目と思ってやって来た。しかし、今の時代それもなくなった。ここで百貨店も大きく変わっていく。
・（天満屋を誇りと思うような県民感情はどこから生まれるのか）やはり人と人との「つながり」が大きい。自分の知っている販売員、馴染みの販売員との関係がある。このため、休みを増やすと私の販売員がいないという問題が起こる。そこで、働き方改革と販売員が休まれると困るという2つの側面から、定休日をもうけようかと議論している。

（6） 結論：百貨店と地域発展、地方百貨店の存在意義

　天満屋と地域発展との関係について整理する。岡山市の発展にとって天満屋が中心市街地を作ってきたことが重要であった。その後、駅周辺の再開発に従い、市街地が「2核化」し、天満屋周辺の停滞も見られたが、それでも天満屋は表町商店街等との共存共栄を図り、地域の文化拠点としての役割を維持しているため、地方百貨店のトップを維持できていると言える。

　一流を地方の方にも体験してもらうという地方百貨店の役割は、イオンモール、アマゾン（通販）等の台頭により「終わった」のかもしれない。しかし天満屋の包装紙に一定のステイタスを見いだす文化は、廃れず残っていくのではないか。イオンモールの包装紙に一定のステイタスを見いだす人はいないであろう。ここに地方百貨店の存在意義がある。

　190周年を記念して2019年にもエピソードが募集され一部がHPで公開されている。例えば、彼が記念日に天満屋で指輪を買ってくれたことや、進学祝いに父が天満屋で万年筆を買ってくれ、それがその後急逝した父との大切な思い出になっていることや、成人式に母が振袖を買ってあげると天満屋に連れて行ってくれたが、選んでいるとき、急に母が泣き出し、泣きながらの買物になったというエピソード等が掲載されている。これらは天満屋を通じて大切な人の気持ちを改めて知るといった、今も特別な存在として成立していることを物語っている。

　それらを踏まえると、地方百貨店の存在意義は2つある。1つ目は百貨店としての機能である。物産展は今も百貨店の強みであり、全国の一流を体験する場として機能しているが、このように依然として強みをもつ部分があり、百貨

店特有の強みを体験する場は地方にも必要であろう。

　2つ目はイオンモール流の全国均一化、全国東京化に対するアンチテーゼの提供であろう。イオンモールは東京の一流を全国に配信するという役目と言われるが、それは逆に言えば全国の均一化、東京化につながる。それを阻止できるのが地方百貨店である。岡山の人が天満屋の包装紙や紙袋に愛着を感じるというのは、地方百貨店ならではであり、イオンモールやアマゾンには真似ができない。地方の誇りや歴史を代弁する存在として、またそれを強く打ち出すことで、地方百貨店の生き残りの道が見えてくる。例えば、その地方の一流をまとめて体験できる百貨店にする等である。

　いずれにしても天満屋が地域住民の「誇り」、経済発展のシンボルになり得たことは興味深いことであり、天満屋の事例は地域発展を考える上で重要な示唆を与えてくれる。

4. 浸水対策推進条例による安全・安心なまちづくり

(1) 浸水対策の重要性
1) 近年の浸水被害の状況

　国土交通省に設置された社会資本整備審議会の答申「水災害分野における気候変動適応策のあり方について」（平成27年8月28日）によれば、「我が国においては、時間雨量50mmを超える短時間強雨の発生件数が約30年前の約1.4倍に増加するとともに、日降水量100mm、200mm以上の大雨の発生日数も増加」し、「時間雨量50mmを超えるようないわゆるゲリラ豪雨が頻発して」いるとされる。

　この答申を裏付けるように、2015年には死者・行方不明者20名を出した「関東・東北豪雨」、2016年には28名の死者・行方不明者を出した「台風第10号」、2017年には44名の死者・行方不明者を出した「6月からの梅雨前線に伴う大雨」及び「台風第3号」といった大雨による災害が多発し、2018年には、西日本を中心に死者・行方不明者245名という甚大な被害を出した豪雨災害が発生している。

2) 岡山市の浸水被害の状況

　岡山は、しばしば自然災害が少ないと言われる。しかし、岡山市が位置する岡山平野は、旭川、吉井川、高梁川という3大河川が運んできた土砂の堆積による沖積平野と干拓地によって構成されており、浸水に対して脆弱な地形的特質を有している。

　とりわけ、江戸時代以降の大規模な干拓地では、農業用水路が網目のように張り巡らされているだけでなく、海抜が水面よりも低い海抜ゼロメートル地帯にもなっている。その面積は広大で、東京湾、大阪湾の海抜ゼロメートル地帯の約2倍とも言われる。

　このような海抜ゼロメートル地帯では、内水氾濫を防ぐために、雨水を下水道や用水路、側溝等に集めてポンプ施設で河川や海に排水しているが、ひとたび、その排水能力を超える降雨があれば、浸水被害が発生することになる。

なお、内水氾濫とは、堤防の内側で水が溢れる氾濫をいい、河川水位の上昇によって生じる氾濫、いわゆる洪水を外水氾濫という。

また、岡山市は、2009年に政令指定都市に移行したように都市化が進展しているが、この都市化によって地表面がアスファルト等で覆われると、降った雨水を地面へ浸透させる雨水浸透機能が低下し、内水氾濫の可能性が高まる。

このため、岡山市の浸水被害の要因は「内水によるものが全体の98％」（「岡山市浸水対策基本計画2019」）を占めるとされる。

しかも、岡山地方気象台のデータによれば、同気象台の管内では2000年以降の24時間最大降雨量は増加傾向にあり（図2-9）、今後も気候変動に起因すると考えられる集中豪雨が多発することも予想される。

実際、1994年7月7日の七夕豪雨では、大規模な冠水により岡山市の都市機能が麻痺し、平成23年台風12号では、死者・行方不明者こそなかったものの、岡山市南部を中心に、半壊1棟、一部破損1棟、床上浸水135世帯、床下浸水4,445世帯の浸水被害が発生し、市民約21万人に避難勧告が出されている。また、2016年8月には、局地的な集中豪雨により、岡山駅前商店街が浸水被害を受け、平成30年7月豪雨では、岡山県内で60名を超える死者・行方不明者を出し、岡山市内では、全壊13棟、半壊1,192棟、一部損壊36棟、床上

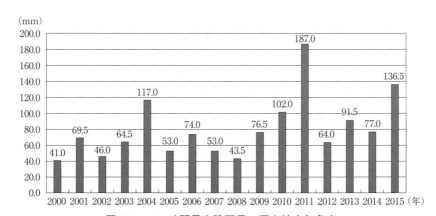

図2-9　24時間最大降雨量：岡山地方気象台
出典：下水道浸水対策ポータルサイト「アメッジ」により作成

浸水 1,038 棟、床下浸水 3,842 棟の浸水被害が発生している。

　岡山は、自然災害が少ないと言われるが、浸水、特に内水氾濫に限っていえば、そのことは当てはまらない。

3）岡山市浸水対策推進条例を取り上げる理由

　ゲリラ豪雨等による内水氾濫のリスクは、全国的に高まっているが、岡山市、とりわけその南部は、海抜ゼロメートル地帯が広がっていることから、そのリスクが他の都市に比べて高い。

　このため、岡山市は、浸水被害の予防及び軽減を目的として、政令指定都市で初めて総合的な浸水対策を推進するための条例を制定し、これまで行政が行ってきたハード整備に加えて、市民や事業者と協働して浸水対策を実施することで「市民が安全で安心して暮らすことのできる社会を実現する」（条例の目的規定）ことを目指している。

　本節では、岡山市浸水対策の推進に関する条例（平成29年岡山市条例第20号。以下「岡山市浸水対策推進条例」という）に着目し、国の浸水対策法制と本条例の関係、本条例による内水氾濫対策、今後の課題等を整理し、本条例制定の意義を検討する。

（2）浸水対策法制の概要～「内水氾濫」対策に着目して

1）河川管理

　国の法律の中で、洪水、高潮等による災害発生の防止、すなわち治水を目的に制定されているのが、河川法（昭和39年法律第167号）である。

　河川法が適用される河川には、一級河川、二級河川及び準用河川があり、その分類に応じて河川管理者が定められている。岡山市内であれば、一級河川のうち、旭川（の一部）、吉井川、百間川は国土交通大臣または岡山県知事が、倉安川、大堀川、永江川は岡山市長が河川管理者である。

　また、笹ヶ瀬川や倉敷川等22の二級河川は岡山県知事が河川管理者であり、佐山川、真星川、辛香川、内田川、原尾島川、沢田川、今谷川、米田川、高山川、九日川、熊谷川、野伏尾川といった準用河川は岡山市長が河川管理者となっている。

しかし、内水氾濫は、外水氾濫と異なり、必ずしも水位上昇に伴う破堤や越水といった河川に起因するものではないため、河川管理者が直接的な対策を講じることはない。

　また、水路や用排水路などのように、河川法の適用のない河川もあるが、これらは、一般に「普通河川」と呼ばれ、市町村長が管理している。そして、この普通河川のほか、ため池や里道等を含めた、いわゆる法定外公共物を管理するため、岡山市では、岡山市公共物管理条例（平成17年市条例第38号）を制定している。

　しかし、この条例で規制されているのは、法定外公共物の損傷や汚損、土石等の投棄といった法定外公共物の保全及び適正な利用に支障を及ぼす行為にとどまっており、内水氾濫対策という視点から取組みを行うものとはなっていない。

2) 下水道管理

　下水道は、汚水処理のほか、都市部に降った雨水を速やかに河川等に排水する役割も担っている。そのため、内水氾濫対策の大宗は、下水道が担うことになる。なお、下水道の施設は、大きく、下水の運搬施設である管渠とポンプ、下水の処理施設である終末処理施設の2つに分かれるが、雨水処理については、このうち管渠とポンプが重要な役割を果たしている。

　下水道の設置、改築、修繕、維持その他の管理は、下水道法（昭和33年法律第79号）に拠って行われている。下水道には、市町村長が管理する公共下水道と、広域的な下水処理を目的として都道府県知事が管理する流域下水道があるが、市街地における雨水排水は、主に公共下水道が担っていることから、市町村長（岡山市長）が公共下水道管理者として対応している。

　公共下水道管理者による内水氾濫対策としては、雨水管やポンプ場等の整備のほか、雨水流出量の急激な増大を平準化するための雨水貯留浸透施設の整備等が挙げられ、ハード対策が中心である。

　しかし、これらの施設の整備には、莫大な予算と時間が必要であることから、岡山市でも対策の必要な箇所が多数残されており、行政のみによる取組みでは限界があるのが現実である。

3） 特定都市河川浸水被害対策法

　高度成長期に都市化と人口集中が進んだことから、都市部における治水上の安全を確保するため、建設事務次官通達（昭和55年「総合治水対策の推進について」）によって「総合治水対策」が実施されてきた。

　しかし、この対策は、予算不足や下水道事業部門との連携不足、土地利用規制の弱さ等から十分な効果を上げることができず、しかも、その後も都市化が進展し、1999年と2003年には福岡で、2000年には東海地方で大規模な水害が発生するなど、都市部において浸水被害が頻発した。

　そこで、特定都市河川浸水被害対策法（平成15年法律第77号）が制定され、外水氾濫対策を行う河川管理者、内水氾濫対策を行う下水道管理者、流出抑制対策を行う地方公共団体が一体となって、浸水対策を講じることとなった。

　この法律では、民間の開発事業者による雨水浸透阻害行為、すなわち土地の形質変更や舗装など雨水の浸透を著しく妨げるおそれのある行為を許可制とし、また、下水道法の特例として、公共下水道に下水を流入させるために設置する排水設備に貯留浸透機能を付加させることができるとするなど、流域での雨水の流出を抑制するための規制等が行われている。

　このように、都市河川浸水被害対策法は、内水氾濫被害に対する総合的な対策を行う画期的な法律であった。

　しかし、同法が適用されるためには、特定都市河川としての指定を受ける必要があり、しかも、その指定要件は、ハードルがかなり高く設定されているため、特定都市河川の指定は、2015年10月時点でも、東京、神奈川、愛知、大阪、静岡の三大都市圏を中心とした、8水系64河川にとどまっている。

4） 下水道法改正

　2015年の下水道法の改正では、駅前等で都市機能が相当程度集積して、著しい浸水被害が発生するおそれがある区域であるにもかかわらず、地下空間等の物理的な限界から、追加的な公共下水道の整備が困難な地域について、下水道管理者が条例で「浸水被害対策区域」を指定することができるとされた。

　浸水被害対策区域では、民間事業者等が設置する雨水貯留施設等を公共下水道管理者が協定に基づいて管理する制度や、民間設置の排水設備について雨水

の貯留・浸透機能の付加を義務付けることを可能とする制度が創設された。

さらに、汚水処理方式を下水道から浄化槽等へ見直した地域については、雨水排除のみを行う雨水公共下水道の整備を可能とする制度も導入された。

改正下水道法による対策は、三大都市圏以外でも実施可能であり、また、内水氾濫に重点を置いたものとなっているが、法施行後間もないことから、現時点では、どの程度の効果を上げるのか測り難い。

5）農業水利施設

ため池や農業用水路などの農業水利施設は、水田に安定して用水を供給する「かんがい」という本来の機能のほかに、降った雨を一時的に貯留する雨水貯留機能を有しており、水田自体にもその機能が認められる。

しかし、近年、都市化に伴う農地転用等により生活排水や雨水が農業用水路に流入するなど、農業水利施設の雨水貯留機能が低下し、集中豪雨の多発とも相まって溢水の要因となっている。

農業用水利施設の多くは受益農家やその団体によって管理され、管理主体が輻輳している。また、農業用水利施設の整備等については、土地改良法（昭和24年法律第195号）が根拠法となるが、同法の目的は、農業の生産性向上や農業総生産の増大に限定されており、内水氾濫対策は視野の外に置かれている。

そのため、例えば、大雨に備えて、事前にため池や農業用水路の貯水位を下げることができれば、内水氾濫のリスク軽減が可能となるが、国や都道府県、市町村は、土地改良法を根拠としてはそのような内水氾濫対策を講じることができず、農業水利施設の管理者の自発的な協力によるしかないのが実情である。

なお、ため池については、平成30年7月豪雨等で損壊が相次ぎ、下流地域にも被害が及ぶケースが発生したことを踏まえ、農業用ため池の管理及び保全に関する法律（平成31年法律第17号）が平成31年通常国会に提案され、同年4月に成立した。

この法律は、これまで受益農家等の自主的な管理に任されてきたため池について、市町村による管理権の取得や、都道府県知事の規制権限の創設等に、大きく踏み込んだ点で、戦後の農業水利施設の管理に一石を投じるものとなっている。

しかし、同法は、ため池の決壊防止が主な目的であり、ため池の雨水貯留機

能の維持・向上は目的に含まれていない。そのため、同法による施策は、ため池の有する雨水貯水機能の維持に間接的な効果を及ぼすとしても、浸水（内水氾濫）対策に積極的に対応するためのものとはなっていない。

6） 都市法制

都市計画法（昭和43年法律第100号）では、無秩序な市街化を抑制し、計画的な市街化を図るため、三大都市圏や政令指定都市などの都市計画区域を、計画的な市街化を促進する「市街化区域」と市街化を抑制する「市街化調整区域」に区分、いわゆる「線引き」をするとされている。

この線引きに際しては、「溢水、湛水、津波、高潮等による災害の発生のおそれのある土地の区域」は「市街化区域」に含めないことができるとされており、この仕組みを活用することで、浸水被害が発生しやすい、あるいは一度浸水が発生すると甚大な被害が発生する土地の区域を「市街地調整区域」のままにし、あるいは既に「市街化区域」とされている土地の区域であっても「市街化調整区域」に編入し直すことで、内水氾濫被害のおそれのある地域の市街化を抑制し、内水氾濫被害を軽減させることが可能となる。

しかし、実際には、「溢水、湛水、津波、高潮等による災害の発生のおそれのある土地の区域」は、地価が低いこともあって開発圧力が強く「市街化区域」に編入され市街化されてきた。また、「市街化区域」を「市街化調整区域」にする、いわゆる逆線引きも、地価の下落により土地所有者等の資産価値を減少させる可能性が高いため容易ではない。

このように、都市計画法を活用して内水氾濫の可能性が高い地域に人が住まないようにすることは、被害防止の観点からは非常に有効であるにもかかわらず、現状では、開発や経済成長、人口増加を是とする志向が強いため、ほとんど活用されていない。

次に、建築基準法（昭和25年法律第201号）では、「津波、高潮、出水等による危険の著しい区域」を条例で指定し、指定された区域では、条例で「住居の用に供する建築物の建築の禁止その他建築物の建築に関する制限で災害防止上必要な」規制を行うことができるとする災害危険区域制度が設けられている。

そこで、内水氾濫が発生するおそれの高い区域を災害危険区域に指定して、

当該区域での建築を禁止する、あるいは、安全上支障のある建築物を規制することで、浸水被害の発生を防ぐことが可能となる。

しかし、実際の災害危険区域の指定状況は、崖崩れのおそれのある区域等、土砂災害に関する区域がほとんどで、内水氾濫が発生するおそれの高い区域を指定している例は極めて少ない。

7）小　括

法律に基づく内水氾濫対策は、帯に短し襷に長しで、地域の実情に応じたものではないため積極的に活用しにくく、また、使い勝手の悪さから、導入が進まない制度もある。

具体的には、特定都市河川浸水被害対策法は、総合的な治水対策を可能とするが、大都市の広域的な浸水対策を想定したものであり、所管も都道府県知事であって、どちらかといえば外水氾濫対策に比重が置かれている。

また、改正下水道法による対策は、公共下水道を設置している市町村が実施可能だが、ハード対策が中心で総合的な内水氾濫対策となっていない。

河川管理の観点からの対策についても、一級河川、二級河川、準用河川、普通河川でそれぞれ管理者が異なり、農業水利施設も主に受益農家の団体によって管理されるなど、管理者が錯綜しており、総合的な内水氾濫対策を講じにくい仕組みとなっている。

さらに、都市法制による土地利用規制や建築規制は、住民の権利を制限し義務を課するものであるため、慎重な検討が必要であり、権利制限・義務賦課に堪え得る明確な判断基準を設けなければならないという高いハードルがある。

このように、内水氾濫対策の立案・実施には様々な課題がある。しかし、自治体の重要な役割は、「住民の福祉の増進」（地方自治法（昭和22年法律第67号））、すなわち、住民の安全・安心を確保することであり、そのために自ら施策を立案し、必要に応じて条例を制定し、その自治体に合ったオーダーメードの対策を講じることが求められている。

そして、条例制定権を活用して、総合的な浸水対策に乗り出す自治体が、近年、現れてきており、岡山市もその一つである。

なお、浸水対策の主柱である流域対策は、その名のとおり、「流域」を対象

とした対策であり、広域にわたることが多いことから、総合治水を推進する条例は、広域自治体である都道府県が制定している例が多い。

その点で、基礎自治体である岡山市が、2014年に政令指定都市として初めて浸水対策推進条例を制定したことは、注目に値する。

（3） 岡山市浸水対策推進条例の概要
1） 制定の経緯

岡山市は、平成23年台風12号による浸水被害を受けて、危機管理、産業観光、都市整備、下水道、河川等の部局によって構成される横断的な組織である雨水排水対策マトリックス班において、総合的な浸水対策の検討を開始した。

また、従前から民間事業者や公共施設管理者に対する雨水流出抑制施設設置の協力依頼や、個人住宅の浄化槽を雨水貯留槽に改造する浄化槽改造事業への補助といった対策も行ってきたが、必ずしも十分な効果を挙げられていなかった。

そこで、2015年に、都市整備局にあった河川担当部門を下水道局へ移して下水道河川局に組織換えをし、河川と下水道とが一体となって浸水対策を実施していく体制が整えられた。

その上で、浸水対策に取り組む機運を醸成するとともに、総合的・計画的な浸水対策を市民と一体となって実施するため、岡山市浸水対策推進条例が2017年2月議会に上程され、同年3月22日に公布、同年4月1日から施行されている。なお、開発行為等に対する規制は、2018年4月1日以後に工事に着手するものから適用するとされている。

2） 条例の内容

岡山市浸水対策推進条例は、6章24条で構成されている。第1条から第6条までが第1章の総則規定であり、第1条の目的規定では、浸水被害の予防及び軽減を目的とした浸水対策を総合的かつ計画的に推進することで、市民が安全で安心して暮らすことができる社会を実現することが目的とされている。

第2条は雨水流出抑制施設等の定義を定める規定であり、第3条は浸水対策の推進に関しての基本理念が定められており、第4条から第6条までは責務規定として、浸水対策の推進に係る市の責務、市民の責務及び事業者の責務が

定められている。

　第2章は、第7条から第13条までであり、浸水対策の基本的な施策等が定められている。第7条では浸水対策基本計画の策定、第8条では下水道、河川等の整備、第9条では雨水流出抑制施設の設置等、第10条では農業用水路等の水位等の事前調整、第11条では森林等の機能の保全、第12条では水防体制の強化等、第13条では国や県との連携等について定められている。

　続いて、第14条から第18条までが第3章で、この章に、必ず条例で制定しなければならない事項である「義務を課し、又は権利を制限する事項」として、開発行為等における雨水排水計画の協議等が定められている。この第3章の内容については、次の「協議制の仕組み」で詳しく述べる。

　第4章は、第19条の1条のみであり、市民及び事業者が行う雨水流出抑制施設の整備に市が財政上の措置を行う努力義務を規定している。

　第20条から第23条までが第5章で、附属機関である岡山市浸水対策推進協議会の設置、所掌事務、組織等及び会議等について定め、第6章第24条は規則委任規定となっている。

3）協議制の仕組み

　第3章第14条以下では、テニスコート約11面分、おおよそ国際試合で使われるサッカーコートの半分に相当する3,000m²以上の開発行為等を行う者は、あらかじめ雨水排水計画書を市長に提出して協議しなければならず（第14条第1項）、また、雨水排水計画書の内容は、規則で定める技術基準に適合することとされている（第14条第2項）。なお、第14条第1項の協議は、同意を要する協議ではない。

　第14条第2項に定める規則で定める技術基準では雨水を一時的に貯留し、又は地下に浸透させる機能を有する雨水流出抑制施設の設置を求めており、具体的には、原則として、1ha当たり300m³、建築行為で増改築の場合には1ha当たり200m³の貯留施設を設置しなければならないとされている。

　このような規制が課せられるのは、開発行為等に伴う土地利用の変更によって雨水の流出形態が変化し、内水氾濫被害のリスクが高まるためである。つまり、開発行為等を行う事業者の権利に内在する当然の制約として、自らの行為

によって浸水被害が生じないようにする義務があるということである。

　なお、規制の対象には、いわゆる開発だけでなく、建築物の建築や駐車場の設置も含まれている。これは、裸地や水田などがコンクリートによって覆われると、遊水機能や貯留機能が失われ、その結果、雨水が直ちに下水道や地先の水路などへ流出し、それが排水能力を超えると浸水被害等を発生させるからである。

　さらに、この第14条の規定による協議を、都市計画法第32条の公共施設管理者との協議や、同法第29条の開発許可申請、建築基準法の建築確認申請に先立って行わせることで、規則で定める技術基準に適合した開発行為が行われることが担保される。

　もし、雨水排水計画書の内容が規則で定める技術基準に適合しないときは、是正等の勧告を受けることになる（第15条第2項）。

　また、開発行為等を行う者には市長と協議した雨水排水計画に従って開発行為を行うよう義務付けられているが（第14条第4項）、これに違反した場合も、是正等の勧告を受けることになる（第15条第3項）。

　そして、これらの是正等の勧告に正当な理由なく従わなかった場合には、措置命令を受けることになり（第16条）、この命令にも従わなかったときには、弁明の機会の付与及び第三者機関の意見を聴いた上で、命令違反事実として氏名等が公表されることになっており（第18条）、それによって実効性が確保されている。

4）計画の内容

　岡山市浸水対策推進条例では、浸水対策を総合的かつ計画的に進めていくため基本計画を定めることとなっており、それを受けて2017年10月に岡山市浸水対策基本計画2017が策定された。なお、この計画は、平成30年7月豪雨災害を受け改訂が行われ岡山市浸水対策基本計画2019となっているが内容に大きな変更はない。

　基本計画では、おおむね30年という長期的な観点からの浸水対策の目標や基本方針が記載されている。具体的には、まず、おおむね10年に一度程度、時間50mm程度の降雨に対して、下水道や河川の整備、用排水路等の既存ストックの活用、雨水流出抑制施設の設置等による浸水被害防止を目標とし、次

に、おおむね20年に一度程度、時間60mm程度の降雨に対して、土のうの配布や止水板の設置など市民の自助・共助による床上浸水等の防止を目標としている。さらに、これらを超える降雨に対しては、ハザードマップの周知や的確な避難情報の提供により避難対策を進め、生命の安全を守ることを目標としている。

基本計画には、下位計画「岡山市浸水対策行動計画2018」があり、短期（おおむね5年）及び中期（おおむね10年）での達成目標を設定した実施計画として、2018年3月に定められている。なお、本行動計画も平成30年7月豪雨を受けた基本計画の改訂に合わせて岡山市浸水対策行動計画2019となっているが大幅な見直しはない。

行動計画では、流域の排水を行う排水機場の整備とその長寿命化対策、内水氾濫を防ぐ下水道整備や貯留施設整備等の「河川・下水道の整備」、農業用排

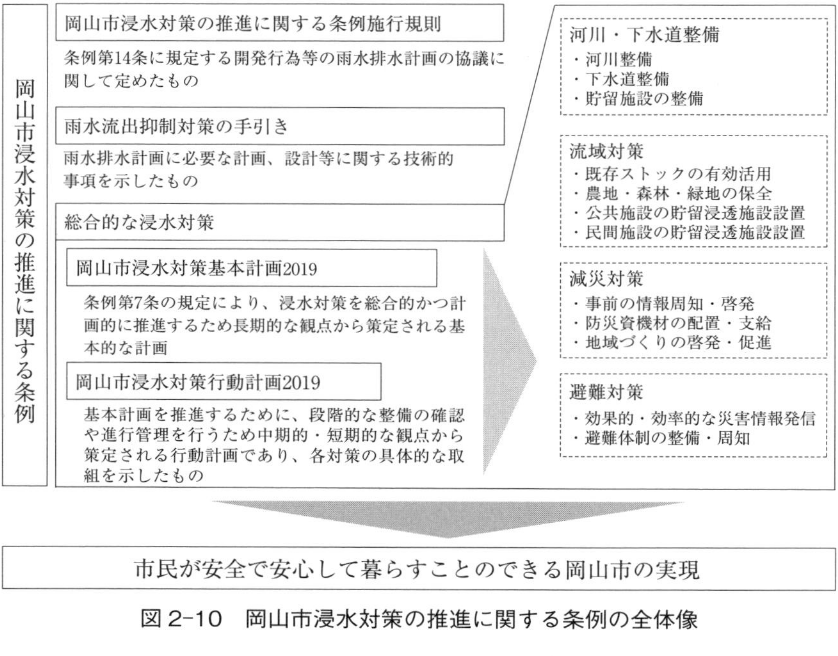

図2-10　岡山市浸水対策の推進に関する条例の全体像

水路の維持管理、農地・森林の保全、公共施設における貯留・浸透施設の設置、戸別住宅等における浸水被害軽減対策に対する助成等の「流域対策」、内水ハザードマップの活用、地域防災体制の構築等の「減災対策」、雨水幹線水位や避難情報等の情報提供、自主防災組織や消防団などと連携した防災訓練実施等の「避難対策」の4つの大括りの施策が記載され、これらの施策ごとに、現状・短期目標・中期目標が定められている。

　岡山市では、この行動計画に沿って浸水対策のPDCAサイクルを回し、上位計画である基本計画に定める長期目標を達成するとしている。

　総合的かつ計画的な浸水対策に長期にわたって取り組むためには、岡山市のように条例に基づいた基本計画を策定し、条例を提案した首長とそれを議決した議会という二元代表制の両輪によってその実現を担保することは、予算確保の点からも、非常に重要である。

　また、短期・中期の行動計画を定めることは、基本計画を絵に描いた餅にせず、基本計画に定める浸水対策を実効性あるものにする有効な手法であると考えられる。なお、条例の全体像については、図2-10を参照されたい。

5）条例施行後の取組み状況

　岡山市では、条例施行前から実施してきた浄化槽改造事業への補助や、河川改修や雨水管の整備、既存施設を活用した浸水対策特別事業、用排水路の浚渫や改修等といった施策に加えて、条例施行後は、先に示した協議制の創設、市立小学校への雨水貯留施設の設置、雨水貯留タンクを雨どいに設置する雨水貯留タンク設置事業への補助、一定規模以上の基準に適合する雨水流出抑制施設の設置に対する補助、自助及び共助による地域防災対策、避難訓練の実施等に取組んでいる。

（4）浸水対策の今後の課題

　岡山市浸水対策推進条例による規制内容は、3,000m² 以上の開発行為を対象とした雨水流出抑制施設の設置の義務付けと、違反者に対する命令・氏名公表制である。しかし、氏名公表制では、氏名が公表されることを意に介さない悪意の違反者や、そもそもこの条例による規制自体に納得していない異議申立者

には効果がない。

現時点では、氏名公表の実績はないが、今後、実際に事例が発生したときに、氏名公表制に内在する問題が顕在化する可能性がある。

また、岡山市浸水対策推進条例では、建築基準法第39条を活用した建築規制や、都市計画法による土地利用規制、いわゆる線引き・逆線引きの活用は行われていない。

これらの規制権限を行使するためには、前提として、どこが内水氾濫のおそれのある危険な区域であるかを明確にする必要があるが、その基準設定が困難であるため、導入されなかったと思料される。

しかし、滋賀県のように、出水の「危険の著しい区域」を的確に調査することで、判断基準を明確にし、指定を行っている自治体も少数ながら存在しており、内水氾濫被害から人命を守るためには、これらの規制の導入が今後の課題になると思われる。

その他にも、岡山市には約1,400か所の農業用ため池、延長約4,000kmの農業用排水路があり、浸水対策のために、これらをいかに有効活用するかも重要な課題である。例えば、岡山市内に十数か所ある貯水量10万m^3以上の農業用ため池のうち、一つでも調整池に転用できれば、そのため池の位置にもよるが、かなりの雨水貯留機能を確保することができると考えられる。

また、ため池が既に農業用としての意義を失っている場合には、たとえそれが小規模なものであっても、調整池に転用することが浸水対策に効果があると考えられることから、そのことも今後の重要な検討課題となるであろう。

農業用排水路についても、既に農業用としての意義を失っているものは、管理者の輻輳を整理し、普通河川に位置付けるなどして、市に管理権を一元化し、浸水対策に活用することも検討されるべきであろう。

さらに、岡山市では、岡山市下水道事業経営計画2016において、市の北部に散在する農業集落排水処理施設の統廃合が計画されている。これらの農業集落排水処理施設の浸水対策への利活用も課題になると思われる。

（5）条例制定の意義

　水は低きに流れるのであり、浸水対策にとって分水嶺に意味はあっても市町村境に意味はない。そのため、浸水対策は、分水嶺と県境が一致することの多い都道府県によって行われるのが通例であり、総合的な治水対策条例を制定している市町村は、金沢市や小松市など非常に限られている。

　しかし、局地化・集中化・激甚化する降雨に対して何らかの対策も講じなければ、内水氾濫被害のリスクは高まるばかりである。

　岡山市は、この問題を無為無策のまま放置せず、国や岡山県といった他力に頼ることなく、市自らが、市民の安全・安心なまちづくりを目指して、市としてできることを考え、その結果、規制権限の創設を含めて、長期的な観点から総合的かつ計画的な浸水対策を条例として制定した。

　条例の内容になお残された課題があるとしても、その姿勢は高く評価されるべきであろう。

参考文献

阿部治編『ESD の地域創世力　持続可能な社会づくり・人づくり 9 つの実践』合同出版（2017）
阿部治「国連「持続可能な開発のための教育」の 10 年」学術動向 11 巻 4 号（2006）
日本ユネスコ国内委員会「持続可能な開発のための教育（ESD）に関するグローバル・アクション・プログラム」
内藤元久・小西美紀「岡山市のユネスコ学習都市に関する取組について」日本生涯教育学会年報　第 39 号（2018）
白井信雄『環境コミュニティ大作戦　資源とエネルギーを地域でまかなう』学芸出版（2012）
神戸康弘『「意味マップ」のキャリア分析』白桃書房（2016）
近藤公彦「小売企業多角化の軌跡：天満屋のケース」岡山商大経営研究所報 14, 79-90（1993）
天満屋社史編纂委員会『天満屋百五十年史』（1979）
野中勝利「岡山・天満屋と福井・だるま屋の開業時の立地と景観」日本建築学会計画系論文集 72（619）（2007）

第3章

真庭市の取組み

1. 真庭市の概要と取り上げる事例

(1) 真庭市の概要

　真庭市は、旧真庭郡から新庄村を除いた8町村(勝山町、落合町、湯原町、久世町、美甘村、川上村、八束村、中和村)と旧上房郡北房町が2005年3月に合併して誕生した、人口約4万5,000人(2019年4月)の地方都市である。岡山県北部、中国山地のほぼ中央に立地し、北端は鳥取県に接する(図3-1)。面積は県下最大の828km²で、市域の約8割を林野が占めている。

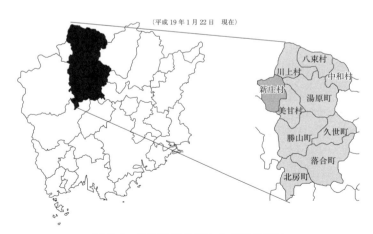

図3-1　真庭市の位置と合併前の町村

他方、かつては高瀬舟を利用した水運が発達し、現在では市内に3つの高速道路と5つのインターチェンジが整備されている交通の要衝でもある。

現在の真庭市のエリアの総人口は、1960年には約7万6,000人を抱えていたが、1960年代の高度経済成長期に大きく人口が減少した。その後、1970年代から1980年代後半までは概ね6万人の水準で比較的安定して推移していたが、1990年に6万人を割り込んで以降、現在まで減少が続いている。生産年齢人口（15～64歳）も、総人口の減少とともに減少が続いている。

真庭市の現在の産業構造は、2016年の経済センサスから試算すると、林業や木材・木製品製造業の事業所数や従業者数（事業所単位）の特化係数が著しく高く、同市に集積している産業であることがわかる（表3-1）。

実際、真庭地域では19世紀末に本格的に植林が開始され、高度成長期の木材需要の高まりを背景に1960年代には西日本有数の林業・木材産業の集積地となり、現在に至っている。特に真庭地域中部、南部地域を中心に、山林－原木市場─製材工場─製品市場といった林業・木材産業の川上から川下までのサプライチェーンが同一地域内に存在している点に強みがあった。

市内は、その産業構造や地域的特性から大きく3つに区分できる。高原地帯の北部（旧川上村、旧八束村、旧中和村）は酪農と観光リゾートとして一定の知名度を有している。中部（旧湯原町、旧美甘村）は中国山地での林業・木材産業の集積地であると同時に、美作三湯の一つ湯原温泉を擁している。また南部（旧勝山町、旧久世町、旧落合町、旧北房町）には農業地帯と行政・文化・医療機関が集積した市街地が広がり、林業・木材産業関連を含む商業・工業の中心エリアである。

表3-1　真庭市の林業・木材産業の特化係数（2016年）

	事業所数	従業者数（事業所ベース）
林業	10.9	11.3
木材・木製品製造業	6.2	16.5

注：特化係数＝真庭市での構成比／全国での構成比
出典：平成28年経済センサス活動調査

このようにそれぞれのエリアや旧町村ごとにお互いに違った個性を現在でも持ち続けている地域であるが、同時にオール真庭としてのまとまりを持っているという声も耳にすることの多い地域でもある。

（2）取り上げる事例

　真庭市は、古くから交易や産業の盛んなエリアであり、同時に多様性と一体性を兼ね備えたエリアだったこともあるのであろうが、市内それぞれの地域において、地域の中からボトムアップで地域課題の解決に取組んできていた。特に1990年代半ば以降に行われてきた取組みは、中核となったキーパーソングループばかりでなく、多様な主体を巻き込みつつ、循環的な学習を繰り返すことで未来につながる取組みの構想と実践を推し進めてきたものであり、その内発性、自律性の高さから大いに注目に値する。

　本章では、それらの取組みのうち、2つの事例を取り上げる。1つ目は、高速道路の新たな開通が地域の将来に与える影響に危機感を抱いた地元の若手経営者らが、学習と実践を積み重ねた結果、新たに木質バイオマス資源を活用した地域システムの構築に至ったプロセスを紹介する。

　2つ目は、旧勝山町において生産者らが中心となって、現在「銀沫（ぎんしぶき）」の名称で人気を博しているやまのいもの栽培技術を確立し、観光とも結びつけつつ新たな特産品としてのマーケティングを展開していったプロセスを紹介する。

　いずれの事例も、真庭市の地域資源や社会関係を最大限活かしたものではあるが、個別地域にとどまらない示唆に富むものといえよう。

2．真庭市における木質バイオマス利活用の取組みの創出

（1）地域活性化に向けた取組みとは

　地域という存在を「それぞれの自然環境と歴史的社会的条件のもとで、人間が生活し交流し協働しながら形成する自律的で個性的な基本的生活空間」（中村剛治郎（2004）『地域政治経済学』有斐閣 p.i）と捉えるのであれば、「どのようにすれば、地域が活性化し住み慣れた地域で暮らし続けることが可能にな

るか」という問いは、きわめて切実なものであるいえる。

　地域に働きかける取組みは、おおよそ、「自然環境も含む地域の生活空間を持続可能なものとする取組み」「地域に関わる人々を元気にする取組み」「地域の経済を活発化させる取組み」に分類することができると考えられる。もちろん、この3分野での取組みはそれぞれ独立して存在するものではなく、相互に影響を与え合う関係にある。たとえば、料理の飾りに用いる「つまもの」を扱う「葉っぱビジネス」で有名な徳島県上勝町でも、「葉っぱビジネス」によって町の経済に域外からの資金をもたらしたことが直接的な効果であったが、その活動が町のお年寄りに元気をもたらす派生的効果もあったという。その意味では、地域の経済的側面のみ取り出して地域活性化を検討することには限界があるのだが、政策的観点からは地域の諸側面のいずれかに焦点を当てて活性化に取組み、その効果を他の分野に波及させていくという道筋は十分に考え得る。地域が持つこのような特徴を踏まえつつ、以下では経済の側面から先ほどの問いを考えていくことにしたい。

　そして、その問いについて考えるにあたっては、岡山県真庭市において1990年代から現在に至るまで継続している、新たな産業を創出していくプロセスを見ていくことが有益だと考えられる。そこで以下では、真庭市における新産業創出の概要を説明するとともに、取組みの主体、取組みの内容、取組みの進め方等地域活性化の取組みに共通してみられる要素の特徴に注目して、なぜ真庭市においてそのような新たな産業創出が可能だったのか考えていきたい。

（2）木質バイオマス利活用の取組み概要

　真庭地域（本節では、現在の真庭市のエリアを指す）では、地域資源である林産資源や木材産業の集積を活かした経済活性化や、城下町の町並み等を活かしたまちづくりを1990年代から20年以上にわたって続けており、全国的にも著名である。その取組みの一つである木質バイオマス（製材所から発生する樹皮・端材・おが屑、樹木の伐採で発生する林地残材等、木材に由来する再生可能な資源）をエネルギーや素材として利活用する地域システムは、企業経営者や行政、林業・木材産業関係者等のネットワークの中で内発的に生み出さ

れ、展開されていったところに特徴がある。

1）背　景

1997年、真庭地域に3本目の高速道路（岡山自動車道）が開通することになった。真庭地域が米子自動車道、岡山自動車道と中国自動車道のクロスポイントとなること自体は交通の要衝としての地位を高めることになる。しかし同時に、当時既に過疎化が進んでいた真庭地域にとっては、人や産業が大都市圏へ流出するのではないかという、新たなストロー現象への危惧を持つ人も多かった。

それに加えて基幹産業である林業・木材産業も、1970年代以降続いた国産材の需要低下による価格低迷で業況が悪化、事業所や従業者数も減少する等、厳しい環境が続いていた。

2）「21世紀の真庭塾」の発足（1993～1997年）

1993年4月、高速道路の新たな開通に伴うストロー現象への懸念を抱いた真庭地域の若手企業家を中心に「21世紀の真庭塾」という研究組織が発足した。キーパーソンは中島浩一郎氏（銘建工業㈱専務取締役、勝山町出身）や辻均一郎氏（㈱御前酒蔵元辻本店代表取締役、勝山町出身）、大月隆行氏（ランデス㈱代表取締役、落合町出身）、仁枝章氏（久世町役場課長、久世町出身）らのグループで（肩書は塾発足当時）、発足当初メンバー24人中23人が民間人であった。

同塾は中央省庁や政府系金融機関の職員、シンクタンクの研究者等を講師に、4年間で通算80回、延べ300時間にわたり勉強会を開催し、ひたすら学習を積み重ねた。その成果として1997年に今後の真庭地域のあり方についてのビジョンを、「2010年の真庭人の1日」という物語として公表した（図3-2）。その物語には同塾のキーパーソンが実名で登場するばかりでなく、廃棄木材を燃料にした発電や環境に配慮したセメント等、その後現実化されていくプランも既に書き込まれていた。

その成果を踏まえ、同年に「21世紀の真庭塾」は、地域産業に根差した「ゼロエミッション」と「町並みの再生」を真庭地域が目指す大きな目標として定めたのである。

> ～2010 年　真庭人の一日～
>
> 西暦 2010 年、秋。
>
> 　私、造り酒屋の均ちゃんですが、私の酒蔵では、10 年ほど前から、タンクを洗う洗剤に、環境負荷の低い砂糖を原料としたものを使っている。
> 　そんな私も、今年 60 才の大台になり、頭はもともと白かったが、最近ではすこーし耳も遠くなってきた。それでも、真庭の川のせせらぎは、何故か鮮明に聞こえる。そして、毎年この季節になると、真庭の山や川、そして街角から、元気のいい子供達のとっても楽しそうな声も聞こえてくる。それは小学生達の集団だ。
>
> （中略）
>
> 　そんな子供達に人気なのが、冬季の温水プールである。これには地元の製材業の自家発電による、電気と蒸気が使われている。これは、木材の加工過程で出てくる、廃棄木材を再利用したもので、製材工場は勿論のこと、現在では、町役場や小学校をはじめ、一般の家庭も 7 割近くを、この電気で賄っている。木材から電気が生まれる、という事実も、真庭では、子どもたちが自然と人の生活とのつながりを学ぶ大事な教材である。今では、中島君や山下君の工場の自家発電所の見学会が、定期的に行われている。
>
> （中略）
>
> 　2010 年の真庭の夢を、少々オーバーに語らせて頂きましたが、ここ真庭では、全国に、そして世界に誇れる取り組みが、住民においても、企業においても、既に始まっていることは、まぎれもない事実です。このことは、我々真庭人の誇りでもあり、次の世代に伝える大事な財産だと思っています。
> 　この想いを、さらに行動に移し、素晴らしい 21 世紀の真庭を、皆様と一緒につくろうではありませんか。今日のこのシンポジウムが、そのきっかけとなれば幸いです。
>
> 　それではみなさん、2010 年の素晴らしい真庭で、またお目にかかりましょう。

図 3-2　「2010 年の真庭人の 1 日」抜粋
出典：特定非営利活動法人 21 世紀の真庭塾（2017）

3）事業化に向けた胎動（1998 ～ 2004 年）

　「21 世紀の真庭塾」の「ゼロエミッション部会」では、木を活かしたバイオマス産業創出を目指し、国や岡山県等からの補助金を活用しながら研究会を立ち上げて検討を重ね、2001 年には産業クラスター的なビジョン「木質資源活用産業クラスター構想」を取りまとめた。同構想では、未利用の木質バイオマ

ス資源をエネルギー等に変換して生産や生活の場に供給する循環システムを構築することはもちろん、木質バイオマス資源から製造したマテリアルを用いた新製品開発を通じて、真庭地域に新産業を創出し、臨海部の工業地帯と広域的リサイクルネットワークを構築しようという、現在の取組みの基本となる構想であった。

同構想に基づき、「21世紀の真庭塾」が中心となって異業種交流組織を設立したり、真庭木材事業協同組合や真庭森林組合と共同出資で事業推進企業を設立したりする等、事業化とそのための仕組みづくりが引き続き進められた。いずれも、「21世紀の真庭塾」が主導しながらも、その組織に旧町や県、真庭森林組合、真庭木材事業協同組合等が加わり、木質バイオマスに関わるネットワークが拡大していった。

また同塾のメンバーは、木質バイオマス発電やペレット生産事業を開始したり（銘建工業）、木質チップを混ぜたコンクリート製品を開発したりする（ランデス）等、木質バイオマスを利用した事業を自らのリスクで推し進めた。

4）「真庭市バイオマスタウン構想」と事業の多面的展開（2005〜2013年）

前述のように、2005年に9町村合併により真庭市が誕生した。合併以前から、旧町の一部は既に木質バイオマス利活用のプロジェクトに関わっていたが、合併後の真庭市は、「21世紀の真庭塾」とも関わりがあり、真庭森林組合理事長も務めた経験がある初代市長井手紘一郎氏のリーダーシップもあり、2006年に「真庭市バイオマスタウン構想」を策定し、木質バイオマス利活用の取組みを積極的に主導するようになった。

また、真庭森林組合や真庭木材事業協同組合も木質バイオマス資源を供給するための集積基地を設置し（2009年）、あわせて出力1万kWの大規模バイオマス発電所建設プロジェクト（「真庭バイオマス発電所」、2015年完成）にも、銘建工業や真庭市等とともに参画、木質バイオマス資源を燃料等価格のつく商品に変えることで生み出した収益を林業や木材産業の活性化に還元する仕組みを作り上げていった。

真庭市は、他にも2010年に産学連携の研究拠点「真庭バイオマスラボ（現

在の真庭市地域産業振興センター)」を岡山県と共同で開設し、同施設を中心にセルロース・ナノファイバー製造技術の開発等に着手した。

さらに同市は、2006年から木質バイオマス関連施設を中心とした産業観光プログラム「バイオマスツアー真庭」を実施し(その後は真庭観光連盟、2018年4月からは一般社団法人真庭観光局が運営)、国内外から年間平均約1,600人(2006年度～2013年度単純平均)の参加者を集めている。

5) バイオマス利活用の全体像

真庭市において作り上げられてきた木質バイオマス利活用の取組みの全体像を、ここで一度整理すると以下の4分野になる(図3-3)

① エネルギー利用:木質バイオマスを燃料(チップやペレット)とした発電事業や、公共施設・工場・ハウス園芸・住宅におけるバイオマスボイラー、ペレットストーブ等の利用促進の取組み。

② マテリアル利用:木質バイオマス資源等の地域資源を活用した製品開発を行う取組み。

③ 貯蓄・加工・安定供給:エネルギー利用、マテリアル利用に向けて木質バイオマス資源を安定的に収集、提供するためのバイオマス集積基地等を整備する取組み。

④ 派生事業:真庭地域の取組みを素材とした産業観光プログラム等、木質バイオマス利活用から派生した取組み。

ここで大事なことは、以上の4つの取組み分野は、林業・木材産業が「本流」として存在していることで成り立つ、あくまでもそれらを補完する産業、いわば静脈産業に位置付けられるということである。

6) 木質バイオマス利活用の実際

木質バイオマス利活用が「本流」の林業・木材産業を補完しているということを、①エネルギー利用のうちの「真庭バイオマス発電所」と、③貯蓄・加工・安定供給のうちの真庭木材事業協同組合が運営する「バイオマス集積基地」の関係からみてみよう。仕組みは以下の通りである(図3-4)。

林業関係者や木材産業は、林地残材等未利用木材や、製材所で発生する端材、樹皮等の木質系廃材を「真庭バイオマス集積基地」に直接持ち込む。その

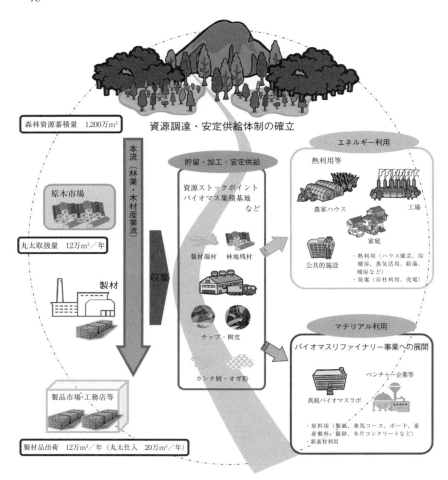

図 3-3　真庭市の木質バイオマス利活用の概要
出典：『真庭市木質バイオマスエネルギー利活用指針』より作成

際に、未利用木材であれば杉：4,500 円/t、桧：5,000 円/t、広葉樹 5,000 円/t、木質系廃材であれば製材端材 3,000 円/t、樹皮 2,000 円/t と定められた価格で同基地が買い取る（価格は 2019 年現在）。これらの取引は「木質資源安定供給協議会」が管理しているトレーサビリティシステム上に事業者名、発生場所、入出荷量等を登録、その後の資源の物流は同システムにより管理され、

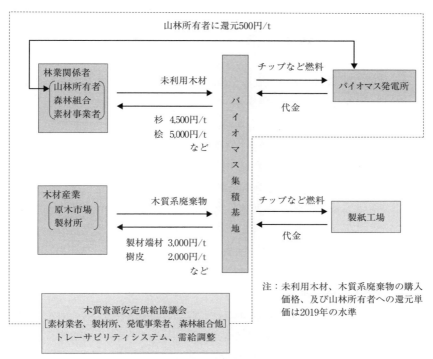

図3-4 木質資源安定供給事業（バイオマス集積基地）の概要
出典：真庭木材産業協同組合資料等をもとに作成

持ち込み事業者等への代金決済も同システムを用いてなされることになっている。持ち込まれた未利用木材や木質系廃棄物は基地内で含水率等を調整しながら、製紙用や発電用のチップ等に加工され、出荷される。

他方、「真庭バイオマス発電所」を建設、運営する真庭バイオマス発電㈱は、燃料購入は「木質資源安定供給協議会」との調整を経るが、基本的には同社が購入先、購入単価を定める裁量を持っている。買い取り単価はバイオマス燃料の質（含水率）によって等級分けされており、含水率の低いバイオマス燃料ほど高い購入単価となっている。また、山林から持ち込まれた未利用材については、山林所有者に対して同社から別途500円/tの還元を行う。

そこでは、それまでコストを掛けて処分していた林地残材や木質系廃材が価

格を持った商品となり、林業・木材産業の事業者の収入となる。そして一部は雇用者の所得となるとともに、利益の一部分は山林の整備や設備投資等に再投資される。

　このような木質バイオマス資源を地域の多くの主体を巻き込みながら安定的に収集、提供する仕組みが構築され稼働しているため、当初不足が懸念されていたバイオマス燃料が量的にも質的にも十分バイオマス発電所に供給されることとなった。そのため、バイオマス発電所は初年度から極めて高い稼働率を維持し、2019年現在フル稼働状態が続いている。そして、バイオマス発電所で作られた電気は地域小売電気事業者（真庭バイオエネルギー㈱）等に売られ、地元産エネルギーを地域に供給すると同時に、地域外マネーの獲得にもつながっている。

　このようにして、静脈産業たる木質バイオマスの利活用が、地域の資源の循環と経済の循環を強化しているのである。

7）地域への波及効果

　真庭市の木質バイオマスの取組みは、これまで廃棄されるだけだった未利用資源や廃棄物を価格のついた商品に変え、新たなモノの流れと資金の流れを地域に創り出した点で、まさに新産業の創出といえよう。さらにその産業創出が地域経済の循環構造に与える効果を整理すると、次のようになるであろう。

① 地域経済循環の強化

　木質バイオマスや燃料（チップやペレット）の地域内流通で新たな所得を生むとともに、その一部を地域外に販売したり、売電をすることで域外収入も確保する。結果、木質燃料の利用を通じて地域外からの化石燃料の購入を代替し、資金の地域外への漏出が抑制される（市の試算約26億円［2018年］）。

② 産業連関を通じた効果

　木質バイオマスの利活用を通じて得た収益を林業・木材産業に還流して再投資を促し、山林の環境保全、産業観光等の派生事業への波及等、地域内産業連関を通じた地域経済の充実が図られる。

③ 雇用創出

　バイオマス発電所や観光等の新たな雇用が創出される（バイオマス発電

所の直接雇用15人)。
　④　地域ブランドの向上
　　取組みのプロモーションや外部評価を通じて地域のブランド価値が高まるとともに、地域住民の誇りも醸成される。

(3) 木質バイオマス利活用展開プロセスの特徴

　真庭市における木質バイオマス利活用は、事業者や行政等がそれぞれ単独で行う取組みでは既になく、「バイオマス集積基地」に見られるように真庭市の林業・木材産業や行政等を広く取り込んだ拡がりのある取組みにまで成長した。そして、ここに至るまでの取組みの一連の展開プロセスは、大変ユニークなものであった。以下では、木質バイオマス利活用が立ち上がっていく「『21世紀の真庭塾』の発足（1993～1997年）」の時期から「事業化に向けた胎動（1998年～2004年）」、「『真庭市バイオマスタウン構想』と事業の多面的展開（2005～2013年）の時期」の期間を対象に、1) 取組みの主体、2) 取組みの内容、3) 取組みの進め方の3つ視点から取組みの展開プロセスの特徴を考えてみたい。

1) 取組みの主体
　①　実施主体
　　地域活性化の取組みを考えるとき、その取組みを実施する主体の存在の有無やその内実が極めて重要な条件であることは異論のないところであろう。
　　前述の時期区分に従うならば、「『21世紀の真庭塾』の発足（1993～1997年）」の時期から「事業化に向けた胎動（1998年～2004年）」の時期へかけて実施主体の中心となったのは「21世紀の真庭塾」のメンバーである。同塾の発足時のメンバーは真庭地域南部の当時の勝山町、久世町、落合町を中心とした有志24名で、久世町職員の仁枝章氏以外は企業経営者、医師等であった。企業経営者も、木材産業関係者のほか様々な業種にわたっており、結果として実施主体が木に関する専門性と多様性を兼ね備えていたことは注目に値する。

② キーパーソン

　取組みを主導するキーパーソンの存在は、理念やビジョンを提示して参加する各主体を統合する役割（プロデューサー的役割）、ビジョン実現に向けたシナリオを作成する役割（シナリオライター的役割）、取組みの現場で具体的に実施主体を動かす役割（ディレクター的役割）を通じて、その取組みの展開に大きな影響を与える。

　「21世紀の真庭塾」のキーパーソンは具体的には、同塾の創設で中心的な役割を担った、具体的には前述の中島浩一郎氏、大月隆行氏、辻均一郎氏、仁枝章氏であり、役割分担に関しても、この4者が共同して「プロデューサー的役割」「シナリオライター的役割」「ディレクター的役割」を担っていた。

③ 支援主体

　取組みを実施する主体と同時に、それらの主体を様々な形で支援する地域外の主体（いわゆる「よそ者」）や、政策的、資金的にバックアップする行政セクターや地域金融機関等の存在も、取組みを推進する上で重要である。

　前者に関しては、中央省庁や政府系金融機関の職員、シンクタンクの研究者等が、一度きりの講演でなく継続的に関わっていた。また、キーパーソンたちが同塾と行政との間の橋渡しの役割を果たしたこともあり、徐々に行政セクターとの連携につながっていったのであった。

2）取組みの内容

　地域振興に向けた取組みの持つ戦略としては、素材や情報の入手のしやすさ、差別化の容易さ、地域内の関連を持った主体の多さ等といった理由から、地域資源の活用が重要な戦略の一つと考えられる。またその戦略の延長線上に、地域独自のブランドを創出し、産品の移輸出や来訪者の増加を目指す地域ブランド戦略も重要な施策の一つと考えられる

　「21世紀の真庭塾」は、2001年に「木質資源活用産業クラスター構想」という、現在の諸事業の基盤となっているグランドデザインを策定している。同構想の内容は林業、木材産業を本流としつつ、そこから派生する木質バイオマス資源それ自体を地域資源として最大限活用して、地域環境の向上と、差別化された新製品による域外マネーの獲得を目指しており、徹底した地域資源活用

戦略と、「環境」を核とした独自の地域ブランド戦略が意識されていた。
3） 取組みの進め方
　地域活性化の取組みの展開プロセスを見ていく場合、先ほど考察した主体や取組み内容の状況だけでなく、それらをどのように地域活性化につなげていったか、まさにそのプロセスそのものを分析する必要がある。本節では、進めるプロセスの特徴として、①学習と共有のプロセスの重視、②事業化を目指す姿勢のアピール、③主体の拡がりの3点を指摘したい。
　①　学習と共有のプロセスの重視
　　「21世紀の真庭塾」では、「『21世紀の真庭塾』の発足（1993～1997年）」の時期に、共通の危機感をベースに最初の4年間に集中的に学習を続け、その徹底した学習の成果を、2010年開催の「環境まちづくりシンポジウム」で発表した主催者憲章「2010年の真庭人の1日」に結実させた。このビジョンは、その後現実化されていくプランが、既に書き込まれており、産業人が自らリスクを負って発信できるだけの具体性、専門性を突き詰めた内容であった。また、同時に、その憲章の内容を「2010年の真庭人の1日」という物語形式で公表した点に、広く地域にビジョンを共有してほしいという、同塾の積極的な意欲が表れていた。
　　さらに「事業化に向けた胎動（1998年～2004年）」の時期に至ると、研究会や異業種交流組織、事業化推進組織を同塾は次々と立ち上げたが、そこでも学習・共有のプロセスを通じた漸進的なプロセスが繰り返し見て取れる。
　②　事業化を目指す姿勢のアピール
　　「事業化に向けた胎動（1998年～2004年）」の時期に、木質バイオマス発電やペレット生産を開始した銘建工業、木質チップを混ぜたコンクリート製品を開発したランデス等、同塾メンバー企業等が木質バイオマスを活用したビジネスに自ら取組むケースが続いた。「木質資源活用産業クラスター構想」は企業経営者が多く参加している同塾の性格を反映して新規産業創出の観点が強く打ち出されたものであったが、それであるからこそ、このように自らリスクを負って事業化する姿勢を初期段階から誰の目にも見える形にして、かつそれを継続してきたことが、真庭市における産業創出の取組みが現

実化した最も本質的な要因となったのではないかと考えられる。

③　主体の拡がり

　本節では、当該期間全体を通じて「21世紀の真庭塾」が実施主体の中心に位置し、時間が下るにつれ実施主体の範囲が林業、木材産業関係者（森林組合、原木市場、製材事業者等）、真庭地域の南部の町（当時の勝山町、久世町、落合町）や岡山県等の行政機関、広範な関係者（大学、試験研究機関、県内外関連企業、地域金融機関、地域づくり団体等）を巻き込んで拡大していった。特に、真庭森林組合や真庭木材事業協同組合、そして真庭市等は、学習のプロセスを共有する中で徐々に取組みの実施主体、あるいはキーパーソンの機能を担う主体にまで変化してきており、そのプロセスによって取組み内容の拡がりと深化に大きく寄与したと考えられる。

4）　自律的な社会変革を繰り返す仕組みの存在

　以上のように、真庭市における木質バイオマス利活用の展開プロセスを分析していくと、地域活性化の取組みの主体、内容、進め方それぞれに確固たる特徴があることがわかる。

　危機感をベースに地元若手経営者グループが自発的に学習を繰り返し、林業・木材産業を支える新たな産業ビジョンを作成、周囲を巻き込みながらその成果を広く共有するとともに、自らリスクを取る。こういった一連の取組み姿勢が行政や林業・木材産業にも伝播し、それぞれの主体がリーダーシップをとりながら新たな事業を構想していく。この循環的な展開プロセスが、多くの主体を取り込んだ拡がりのある取組みを生んだのではないかと考えられる。

　もちろん、元来林業・木材事業者間のネットワークが地域社会の中に密に張られてきた歴史的経緯や、この取組みが行われた時期が真庭地域の林業・木材産業の低迷や平成の合併等地域にとっての大きな変革期と一致したという、真庭地域固有の事情が大きな影響を与えた点を見逃してはいけない。しかし、自律的な社会変革を繰り返す仕組みが地域に生まれ、拡がり、根付いていったという事実は、他の多くの地域にとっても意味があることといえよう。

（4）その後の動向と今後の課題
1）「バイオマス産業杜市」構想以降（2014年〜）

　2013年に太田昇氏が第2代真庭市長に就任、翌2014年には「真庭バイオマス産業杜市構想」を公表して、広くバイオマス利活用の推進を目指している。加えて真庭市は、市内で製造されている、鉄筋鉄骨に代わるだけの強度を持った木質構造材であるCLT（直交集成板）を中心に、木材を使用した公共施設の建設や民間建物の木材使用促進を図る等、これまで以上に幅広く林業・木材産業の振興に取組んでいる。

　また、木質バイオマスの取組みが、旧勝山町、旧久世町、旧落合町といった真庭市南部の地域を舞台に展開していたのに対し、中部の旧湯原町等や、北部の蒜山エリア（旧川上村、旧八束村、旧中和村）、さらには最南部の旧上房郡北房町でも、それぞれの地域の特色や資源を活かす取組みが活発になってきている。たとえば、旧中和村ではIターン者が中心となって、薪プロジェクト等里山資源を活かしたスモールビジネスが実施されており、旧北房町ではUターン者による農泊事業や韓国人地域おこし協力隊員によるインターナショナル・シェアハウス事業が展開される等、実施主体や事業内容も多彩になってきている。

　現在真庭市では、木質バイオマス利活用のような地域全体で木質資源の循環・活用する取組みを「大きな『里山資本主義』」、それぞれの地域が各地域の特色や資源を活かす取組みを「小さな『里山資本主義』」と呼び、両者が相互に連携しあい相乗効果を発揮することを通じて、地域の活性化や定住促進を一層進展させようとしている。

2）今後の課題

　木質バイオマスの利活用を中心にした地域システムを構築してきた真庭市であるが、木質バイオマスはその利活用自体が目的ではなく、あくまで本流としての林業・木材産業あっての、補完的なシステムであることを強調している。確かに、これまでの木質バイオマス利活用の地域システムを創出してきた真庭市や林業・木材産業関係者ばかりでなく、もっと広範な、国や他地域をも巻き込んだ木材の利用促進の取組みを進めることが必要な段階になってきてい

るといえよう。本節で見てきたような、社会の変革を生み出すような真庭市の内発的な知恵を大事にしつつも、もっと広範なイノベーションの仕組みを生み出していくことが求められているのかもしれない。

また、このシステムを生み出した地域の知恵を次の世代に引き継ぐことも大切である。一連の取組みを通じて得た、内外の知恵や行動を活用して様々な地域課題に対応していく文化が、地域の多くの主体によって地域の土壌の中に埋め込まれ、それを踏まえて「小さな『里山資本主義』」と呼ばれる各地域の取組みが一層深化し、地域の持続的な発展が実現されることに期待したい。

3. 勝山地区における地域特産品づくり

(1) 地域のブランドイメージをまとった特産品

　　やまのいも「銀沫(ぎんしぶき)」は全国的にも珍しい品種で、試行錯誤を重ねながら、生産者一同が栽培方法を確立して育てあげた、幻のやまのいもです。
　　自然薯にも勝るとも劣らない独特の風味と強い粘り。
　　アクが少ないため、すりおろしても変色しにくく、真っ白なつきたてのもちのような食感です。
　　口にふくめば、濃厚な味わいが広がります。

　真庭農業協同組合（以下、JA まにわ）のウェブサイトには、このような閲覧者の心に訴えかける文章とともに、畑で銀沫を収穫する生産者の写真が掲載されている。銀沫とは、真庭市勝山地区（旧勝山町）を中心に栽培されているやまのいものことである。やまのいもは、一般にはやまいもとも呼ばれ、ヤマ

写真 3-1　良質の銀沫
写真提供：かつやまのいも生産組合

ノイモ科ヤマノイモ属の植物であり、植物学上、ヤマノイモ種の自然薯と、ナガイモ種のながいも群、つくねいも群、いちょういも群に分類される。この地区のやまのいもは、これらのうちのつくねいも群にあたる。もともと三重県で栽培されていた伊勢いもがルーツであり、江戸時代にお伊勢参りの土産として滋賀県愛知郡秦荘町（はたしょう）（現愛荘町）に持ち帰られ、栽培が始まった。その後、秦荘町から種芋を譲り受け、勝山地区に適応した栽培方法で育てられたやまのいもが、銀沫と名付けられた。

　銀沫は、近年では、マスメディアへの露出度が高く、需要に供給が追いつかないほどの人気である。しかし、こうした人気は一朝一夕に獲得したものではなく、ここに至るまで長い年月が経過した。銀沫を特産品とするために、生産者だけでなく、行政（旧勝山町、真庭市）、真庭農業普及指導センター（旧真庭農業改良普及センター。以下、普及センター）、JAまにわ勝山支所、そして、勝山観光協会といった地域の多様な主体が関わってきた。また、ブランド化にあたって、地域の観光資源を絡ませたストーリーが考案され、農産物単体の産地化ではなく、地域全体のブランドイメージの創出が意識されてきた。

　本節では、銀沫が地域特産品としての地位を築くまでの経緯について、とくに生産者の組織である「かつやまのいも生産組合」の取組みを中心に紹介する。

（2）やまのいもを地域の特産品に

1）町の特産品を求めて

　旧勝山町は、岡山県北西部に位置する中山間地域であり、面積の約85％を山林が占めており、古くから林業が盛んな日本有数の木材産地であった。平成の大合併のピークとなる2005年に近隣町村と合併することにより、旧勝山町は真庭市の一部となった。旧勝山町による町をあげた特産品づくりは、この合併以前に始まっていた。

　旧勝山町に特産品が求められたひとつの理由は、耕作放棄地対策であった。農業従事者の高齢化に伴って増加する耕作放棄地の有効活用は、町にとって大きな課題となっていた。1993年、後に銀沫と呼ばれるやまのいもは、町内の

農業者、辻谷潤一郎氏により自家消費用に栽培されていた。辻谷氏からこのいもの存在を知らされた普及センターの名和康二郎氏は、このいもの可能性を直感しさっそく産地を調べた。滋賀県秦荘町が産地であることを突き止めると、すぐに現地を訪れた。栽培現場を視察し、生産者から話を聞くうちに、やまのいもの栽培は難しくないと考えた。とくに、ハウス等の施設が不要で、ながいものように長くないため、高齢者や女性でも簡単に掘り取られることから、水田の転作作物として好適であった。秦荘町の生産者に種芋の譲渡をお願いし、交渉の末、20kgの種芋を購入することができた。持ち帰られた種芋は、旧勝山町富原地区の5、6軒の農家に配布された。しかしながら、これらのやまのいもは収穫を待たず、イノシシによってほぼ全滅してしまった。野生鳥獣による農作物被害（いわゆる獣害）は、収穫間近の農産物に対する実害をもたらすだけでなく、生産者の営農意欲も奪ってしまう。ところが、これで終わりではなかった。

2） 研究会発足

2001年秋、旧勝山町農業委員会会議で、やまのいもを町の特産品にできないかという話題が出た。当時、農業委員を務めていた森中英樹氏がこの話を受け、町内の倉庫に眠っていた少量のやまのいもに目を付けた。翌年春、やまのいもの栽培技術を確立するために、森中氏を中心とする12人の生産者が研究会を発足させた。普及センターの技術指導を受けながら、栽培が試みられた。普及センターの主な役割は、関係機関と連携して、技術的課題を克服することである。普及センターにとっても、やまのいもの栽培ははじめての経験だった。

自生するやまのいもの場合、茎が肥大化したむかごが地面に落ち、やがてそこから発芽し、いもとして育つ。このため、むかごは種芋として利用可能である。ところが、このいもはむかごができにくい性質を持っていたため、種芋の数が不足した。そこで、研究会は、2002年8月、10月、11月に、秦荘町を訪問し、種芋の譲渡を願い出た。秦荘町の生産者からは、「良質のものは他所ではできないから種芋は分けられない」と言われた。しかしながら、自然薯が自生する旧勝山町の山間部の土壌なら良質のやまのいもが必ずできるはずだと、森中氏は考えていた。その後も引き続き交渉を続けた結果、研究会と旧勝山町

職員の熱意により、約60kgの種芋を譲り受けることができた。

3）客観的な食味評価

やまのいもの特産品化の可能性について、旧勝山町農林振興課、普及センター、そして、JAまにわ勝山支所が、検討を始めた。最初のハードルは食味に置かれた。美味しくなければ特産品にはならないと考えたからである。

2002年12月、やまのいもの食味比較が行われた。すり下ろされた7種類のいもが用意され、審査員が審査項目ごとに点数を付けた。テーブルに並べられたいもは、栽培種のやまのいも、ながいも、つくねいもと自生種の自然薯だった。やまのいもとつくねいもは産地が異なるものが、それぞれ3種類と2種類用意された。審査員にはどのいもかわからないように、ブラインドで審査された。審査項目は、「粘り」「舌ざわり」「色沢」「匂い」「食味」そして、「味覚総合判定」であった。「色沢」と「匂い」を除く4項目で最高点を獲得し、審査員から最も高く評価されたいもは、旧勝山町内にわずかに残っていた種芋から生産されたやまのいもだった。このとき、やまのいもの有志の生産者の間には笑顔が広がり、特産品づくりに向けた自信へとつながった。

4）消費者に対するアンケート調査

やまのいもが町の特産品となる可能性を探る試みは続けられた。2003年、研究会は消費者の声を直接聞こうと考えた。美味しいものを作っても、消費者が買ってくれなければ意味がない。この頃、地名の「勝山」と「やまのいも」を掛け合わせた名称「かつやまのいも」が関係者の間では定着していた。

毎年多くの来場者のある地元のイベント「ふるさと勝山もみじまつり」に、収穫したばかりのかつやまのいもが持ち込まれ、すり下ろされた試供品とともに数量限定で販売された。同時に、アンケート調査を実施し、149人から回答が得られた。回答を集計した結果、「かつやまのいもを知っていましたか」という質問に対して「はい」という回答は26%であり、知名度は高くないことがわかった。一方、「かつやまのいもは美味しかったですか」という質問に対して「はい」が99%、「もう一度食べてみたいと思いましたか」に対して「はい」は92%、「勝山町の特産品に成りうると思われますか」に対して「はい」は84%、「勝山のお土産として利用しようと思われますか」に対して「はい」

は96％という結果だった。こうしたイベントでの消費者調査にはバイアスがあると考えられるものの、そういったバイアスを加味しても、特産品化への手応えが感じられる結果であったことは想像に難くない。

　アンケート調査票には、「かつやまのいもを栽培したいですか」という質問も設けられており、「はい」が41％であった。調査票に、消費者としての視点だけでなく、生産者としての視点も含まれていたことは、農業者の多い中山間地域のイベントならではであろう。栽培したい人が一定数いたことから、栽培説明会が開催された。そして、2004年2月、かつやまのいも生産組合（以下、生産組合）が設立され、農家44戸による、栽培面積50aのやまのいもの本格的な栽培が始まった。

（3）栽培技術確立までの試行錯誤
1）やまのいもの栽培

　勝山地区のやまのいもの栽培は、春先の種芋の準備から始まる。親芋は約30gずつに切り分けられ、定植に向けて選抜される。圃場では畝立てが行われる。やまのいもは水田の転作作物として導入されたため、水田を利用して栽培される。ただし、連作障害回避のために、栽培される水田は毎年変えなければならない。勝山地区の土壌は耕土が浅いため、盛土によって畝を立てる必要がある。やまのいもの栽培では、トレンチャーで溝を掘ることにより、畝を立てる方法もあるが、この地域でこの方法を用いると小さすぎるいもしか育たない。種芋の定植は、5月上旬に始まり、6月上旬にはほぼ全組合員の定植が終わる。

　定植後、支柱を立て、つるを誘引する。その後、施肥や病害虫防除、水管理等が適宜行われる。8月から9月までの肥大期には、土壌が乾燥しないように畝間灌水しなければならない。このとき、排水が悪く、土壌の乾湿差が大きくなった場合、いもの形状が悪くなる。このため、水管理にはとくに注意が求められる。収穫は10月下旬から12月中旬まで続く。手で土をかき分け、長さ20～25cmのいもをスコップで1本ずつ丁寧に掘り出すという根気のいる作業である。収穫後は、天日で数日間乾燥させ、細かな根を除去する。毎年11

写真 3-2　収穫作業
写真提供：かつやまのいも生産組合

月1日前後には、目揃え会が開かれる。目揃え会では、大きさと形によって規格ごとに選別される。その後、出荷作業が行われ、すぐ店頭に並び始める。

規格は、当初は秀、優、良、規格外の4等級であったが、2015年に見直しがあり、特秀、秀、優、加工用の4等級となった。特秀は、重さ200～400gで凹凸のないもの。秀は、特秀と同程度であるが、凹みや傷が1か所あるもの。また、やや曲がりのあるものや、200g以上で形状の良いものも含まれる。優は、凹凸や曲がり、2cm程度の突起があるものや500g以上のもの。そして、加工用は、それ以外のもので、グローブ状のものや深いくびれや突起があるもの、傷の大きいものである。良質のやまのいもは、秀品として販売されるほか、翌年の種芋用の親芋として保存される。

2）　栽培技術の確立に向けて

生産組合は、やまのいもとしては後発産地であることを自覚していたため、販売先のターゲットを絞る必要性を認識していた。検討の結果、ターゲットは家庭消費向けとされ、一般家庭で料理しやすい大きさであること、すなわち、やまのいもとしてはやや小ぶりで、サツマイモ型であることが良質の形状とされた。耕土の浅さにより、大きないもができにくいこの地域の土壌の特性を逆手に取り、家庭料理の素材への需要が想定されたのである。

2004年の組合設立当初は良質の形状のやまのいもができず、栽培に苦労した。やまのいもが、土壌中の石等の障害物によってすぐに変形してしまった。試行錯誤する中、定植穴に砂を入れる栽培方法により、一定の成果が得られることがわかった。砂を入れる手間はかかるものの、砂を入れることにより、いもの形状や肌質がよくなるだけでなく、収穫時の労力軽減にもつながった。

2009年頃には、定植穴に砂を入れる栽培方法がほぼ全組合員に普及した。

　生産組合は、毎年春になると総会と同時に、栽培講習会を開催している。栽培講習会では、普及センターによる病害虫対策の試験結果報告や、各組合員の栽培上の工夫に関する意見交換が行われる。普及センターでは、やまのいもの栽培技術の確立や病害虫（コガネムシ類、ネコブセンチュウ、ハダニ、炭そ病等）対策だけでなく、種芋の消毒法や萌芽の安定といった営農上の課題解決に向けた取組みがなされた。また、町内5か所に栽培技術実証展示圃が設置され、栽培条件の違いがもたらす収穫及び経営への影響が比較検討された。種芋の分割方法、施肥方法、支柱立てや誘引の方法、密植の程度等、様々な条件下で栽培した場合、秀品率がどう変化するかといったデータが収集された。普及センターの実証実験を踏まえ、生産組合では、いもの形状がもたらす遺伝的形質の学習、土壌管理、病害虫防除等の研修を重ね、組合員の栽培技術向上に努めた。

　また、毎年夏になると、現地巡回講習会が開催される。この講習会では、組合員同士がお互いの圃場を訪れ、それぞれの病害虫対策を見たり、実際に掘っていもの肥大状況が確認される。ベテラン農家だけでなく、新規生産者の圃場も訪問対象となる。実際の状況を確かめた組合員らはお互いに、防除の時期や追肥の必要性等について、質問や助言等をする。このように、組合員同士の情報交換が積極的に促されることで、栽培技術の向上が図られている。ただし、ベテラン農家ほど秀品率が高くなるというわけではない。生産組合の現在の組合長である綱島孝晴氏は次のように話す。「新規に始めた人は、栽培暦どおりに何でもするけん、わりと良いものを作る。ベテランの人は慣れがあるんで、手抜きをすることがあって、病気になったり、変形になったり、いけん場合がある。やっぱり、基本に忠実な人ほど、良いものを作るんですわ」。

3）良質の種芋の確保

　栽培技術は徐々に確立されてきたものの、生産組合の組合員は高齢化に伴い、2006年の58戸をピークとして、年々減少していた。その一方で、定年を機に本格的な栽培に乗り出す生産者も現れたことから、2018年には34戸となり、それまでの減少傾向が下げ止まり、増加に転じている。この背景には、テ

レビや新聞等のマスメディアで取り上げられたことにより知名度が上がり、高値で取引される地域特産品として、周囲からこれまで以上に注目され始めたことがある。

　栽培面積と出荷量は、2010年以降、毎年上昇してきた。ただし、栽培面積を増やしたい組合員や新規の栽培希望者が出てきても、種芋の不足により、栽培面積はなかなか拡大できなかった。形状の良いやまのいものうち種芋として保存する割合を高くしなければ、翌年の秀品率は高くなりにくい。このため、良質の種芋の確保のためには、良質のやまのいもの出荷量を抑える必要があった。

　この状況を打開するため、2014年5月、一般社団法人岡山県農業開発研究所の協力を得て、無病のメリクロン苗約500本とマイクロチューバー約600個の提供を受けることになった。これらメリクロン苗とマイクロチューバーは生産組合の役員7戸で分担して定植し、収穫したやまのいもを翌年の種芋とすることで、栽培面積の拡大に成功した。2018年度実績で、栽培面積は約1.5ha、出荷量は約9.5t、出荷額は約1,000万円に達した。

(4) 地域特産品づくりを支えたマーケティング戦略
1) 地域ブランドを意識したイメージ戦略

　一部の組合員の間では、良質のやまのいもが生産できたとしても、有利な販売をしなければ、収益には繋がらないという問題意識が強くあった。そこで、設立当初の2004年、生産組合は専門家を招き、マーケティング研修を行った。研修には、岡山市内に事務所を構える株式会社ベーシックプロダクトの時岡和雄氏が招かれた。時岡氏は、岡山県内の食品のブランド化を数多く手がけてきた。

　過去の対談記事において、時岡氏は、「地域では、イメージ戦略がまだ弱いと思います。そもそも、自分の地域にどんな良いものがあるのかということに気がついていないということもあります」と語る。一方、イメージ戦略が成功した地域では、「地域の関係者、例えば、漁業関係者、農業生産農家、地域の行政、関連企業などが良い関係を築いて、役割分担を明確にし、『協働』することで、地域のアピールが出来ている」と指摘する。また、地域ブランドづく

りの方法として、例えば、「清水白桃」という名前で消費者に売るのではなく、「岡山の清水白桃」とすることにより、「清水白桃」は「岡山の桃」であることを消費者に伝えることができ、全国に通じる地域ブランドが生まれると解説する。さらに、「大地や自然環境の恵みで育つものには旬があって、工業製品とは違って、いつでもできるものではありません。また、土づくりから始まって、1年どころではなくて、20年も30年も掛けて美味しいものに育て上げるのです。米でも豆でも、フルーツ、野菜、花、すべてそうです。そうやって育ててきた思いというものを、食べる方、使う方に伝えることが大切だと思うのです。『物』のストーリーを語るためには、その背後にいる『人』と『情熱』を語るという表現をしていかないといけない」と、マーケティングにおけるストーリーの重要性を説く。

　1回目のマーケティング研修会では、販路開拓が検討されるとともに、やまのいもの名称を一般公募することが決まった。この地域のやまのいもは、自然薯に近く、すり下ろした場合、他の栽培種とは粘りや香りが別格である点に希少価値を見いだし、消費者に遡求することとなった。また、生産者だけでなく、町、普及センター、JAがこのいもを地域の特産品にしたいという意識の高さが、時岡氏に伝わった。

　続く、同年2回目のマーケティング研修会では、名称と化粧箱のデザインが決められた。一般公募で応募のあった名称を参考に、「神庭の滝の飛沫が畑に舞い散り、やまのいもになった」という創作イメージに基づいて、「銀沫」と名付けられた。旧勝山町には、落差110m、幅20mの中国地方随一のスケールを誇る名瀑「神庭の滝」がある。神庭の滝は、国の名勝に指定され、日本百景、日本の滝百選にも選定されており、この地域の観光資源となっている。銀沫という名称により、他地域にはまねできない、この地域ならではのブランド化が始まった。同年、JAまにわは「銀沫」の商標登録を出願し、翌年に商標が登録された。

2) 銀沫の販売

　2004年11月、JAまにわ勝山支所の農業倉庫では、生産組合の役員が、掘り出したばかりの銀沫を持ち寄り、生産組合初の目揃え会が開かれた。同時に、

販売促進用の化粧箱がお披露目された。役員が持ち寄った総量230kgの銀沫は、形状ごとに選別されていった。選別を終えた生産者からは、「予想より秀品が少ない」「規格外の利用方法を考えなければ」といった言葉が漏れた。秀品は化粧箱に詰められて、お歳暮等の贈答用として販売される。箱には、「岡山 美作勝山特産」の文字とともに毛筆で大きく「やまのいも 銀沫」と記された。時岡氏は、「これから先、普及活動と生産者の意識の度合いが、消費者に試されることになるでしょう」と述べた。

　特秀と秀に分類された箱詰めの銀沫の主な販売先は、勝山農産物直売所「健康の里」やJAまにわ農産物直売所「きらめきの里」、道の駅「醍醐の里」等であり、JAまにわや地酒の蔵元のオンラインショップでも取り扱われている。一方、選別で優となった銀沫は、袋に詰められて農産物直売所等で販売される。価格は、1kg（3〜4本）入りの箱詰めが3,000〜3,500円、800g入りの袋詰めが1,000円である。箱詰めの銀沫は、年内には完売するほどの人気が続いている。

　銀沫は地域のイベントでも販売されており、2004年11月の「ふるさと勝山もみじまつり」では、すり下ろした銀沫の試食を待つ行列ができるほどの人気だった。袋詰めの銀沫は午前中には完売し、箱詰めの銀沫が試食用にすり下ろされた。このとき、生産者は大きな手応えを感じた。また、同年12月、組合としての初収穫を記念して、町内外の消費者との交流を図るため、「いも祭り」が開催された。祭り会場では、お歳暮用の銀沫の販売コーナーが設けられたほか、先着200人に麦とろめしが無料で振る舞われた。翌年以降も、これらのイベントでは、銀沫の販売だけでなく、銀沫を使った料理が提供されており、銀沫のファン拡大に寄与している。

3）焼酎加工の失敗

　こうした成功の裏で、生産組合は苦い失敗も経験した。収穫後の選別で規格外に分類された銀沫は、全収穫量の2〜3割を占めていた。いもの形状を重視したことから、そのまま販売するわけにはいかず、何らかの加工用途の開拓が求められた。2006年、銀沫を原料とした焼酎づくりが試みられた。同年6月上旬、生産組合員が約500kg分の銀沫を約3mmにスライスし、津山市の酒

造場に持ち込み、720ml瓶の焼酎1,380本の製造を委託した。同年10月、「やまのいも焼酎 銀沫」と命名された焼酎の試飲会が開かれた。試飲会の参加者からは高い評価が得られ、また、規格外の銀沫をまだ使い切っていなかったことから、次年度の焼酎の生産量を約2,500本へと倍増することが決まった。しかしながら、この焼酎づくりには大きな課題があった。少量生産のときは手作業によるスライスで対応できたが、こうした労働集約的な作業は大量生産には不向きであった。そこで、大型機械のスライサーが導入された。ところが、銀沫に混入する石によって、スライサーの刃がすぐにダメになった。幾度となく試行錯誤を重ねたが、改善には至らなかった。このため、焼酎加工は2008年まで取組まれたものの、そこで頓挫してしまった。

　ただし、焼酎加工の失敗は無駄な経験ではなかった。焼酎に加工した場合、銀沫本来の差別化の源泉である強い粘りが失われてしまう。このことを懸念して、当初から焼酎加工に乗り気でなかった者もいた。銀沫の価値はどこにあるのか。焼酎加工の失敗は、銀沫の希少価値について改めて問い直すきっかけとなった。

（5）地域特産品から生まれる地域との新たな関係
　1）料理コンクールとレシピ
　銀沫を消費者に買ってもらうためには、どのように料理して食べたら美味しく食べられるのかを知ってもらう必要がある。そこで、2005年2月、銀沫を使った料理コンクールが開催された。和食だけでなく、洋食やお菓子といった多彩なメニューが、町内外から64点寄せられた。これらのうち、23点がレシピ審査を通過し、最優秀賞1点、優秀賞2点、アイデア賞2点が選ばれた。審査員は、生産組合の組合長のほか、普及センター所長、旧勝山町や津山市等の飲食店及び菓子店の店主ら、合計10人が務め、「味」や「見た目」「独創性」「商品性」といった観点から審査された。審査の結果、最優秀賞として、「やまタン」と名付けられた、すり下ろした銀沫とスライスした銀沫にチーズを加えたグラタンが選ばれた。販売用の銀沫の箱にはレシピが同梱され、消費者に銀沫の味わい方を伝える役割を果たすようになり、現在では、レシピを充実させたミニ冊子が作製されている。

2）地域における食体験で観光客にアピール

　2009年には、生産組合と地元飲食店による新たな取組みが始まった。当時はB級ご当地グルメブームであり、近隣地域では、津山ホルモンうどんやひるぜん焼そばによる地域活性化の取組み事例が見られた。郷土料理とは異なり、伝統にこだわらず、その地域ならではの料理が地域活性化に役立てられることが、ご当地グルメの特徴である。真庭市勝山地区の一部の飲食店がとろろめしをメニューに採用し始めたことを契機に、真庭市が地元の18店舗に声をかけたところ、半数がとろろめしに興味を示した。同年10月、飲食店経営者向けに試食会が開催された。勝山には町並み保存地区という観光資源があり、その地区の飲食店でとろろめしを提供することにより、観光客に銀沫を知ってもらおうという狙いがあった。ここで再び地域の観光資源と特産品の接点が作られた。また、焼酎加工の中止により行き場のなかった加工用銀沫は、ここで新たな販路が見つかった。その後も生産組合が売り込みを続けた結果、9店舗がメニューに採用した。単品や定食の一部としてとろろめしをメニューに採用した店舗では、観光客らに一目で分かるように、とろろめしのイラストをあしらった白色ののぼりが掲げられた。

　2015年9月、地域ぐるみで銀沫を盛り上げようと、勝山観光協会物販飲食店部会が企画し、観光協会加盟の飲食店主ら16人がプロジェクトチームを結成した。「かつやま銀沫プロジェクト」と名付けられ、生産組合から買い上げた銀沫を各店舗で提供することになった。同時に、銀沫を使った料理を提供する飲食店と銀沫の販売店を掲載したA4判の「やまのいも銀沫提供店マップ」が作製され、JRの駅や道の駅、観光協会等で無料配布された。マップには、お店の位置が地図上に示されるとともに、各飲食店で食べられるメニューが写真付きで掲載された。初年度は、銀沫を販売する土産物店や農産物直売所のほかに、うどん店や日本料理店、カフェ等14の飲食店が掲載された。メニューは従来のとろろめしだけでなく、山かけうどん、まんじゅう、お好み焼き等、各飲食店によって独自に考案された。プロジェクト参加店には目印として、黄色いのぼりが設置された。2017年には、マップを頼りに観光客らが飲食店ごとに工夫を凝らした料理を味わうと同時に、スタンプラリーを楽しめるように

なった。マップはスタンプラリーの台紙を兼ねており、対象メニューを注文したり、商品を購入することで、お店でスタンプを押してもらえる。異なる3店舗のスタンプを集めると、プロジェクト参加店で使用可能な500円分のお買物券と引き換えることができる。

3) 地域の未来を担う子どもたち

地域との繋がりは、飲食店だけにとどまらず、子どもたちの食育へと発展している。2018年、生産組合の組合長の綱島氏の提案により、地元の保育園児が園の畑に銀沫の種芋の植え付けを行った。その後、夏の暑い時期に水やりや草取り等を行い、秋にはいも掘りも体験した。掘った銀沫は20cmほどに成長しており、お焼き等にして味わった。こうした子どもの頃から、地元の特産品に触れる体験は、大人になってからの食に対する意識や地元への愛着に影響を及ぼす可能性を秘めている。

（6） これからのブランド価値の維持

真庭市勝山地区の地域特産品づくりには、生産者をはじめとした地域の多様な関係者による試行錯誤と創意工夫があったことがわかる。生産者の栽培意欲を支えたのは、味への絶対的な自信だった。この自信は、単なる思い込みではなく、客観的なデータに裏付けられていた。入念なマーケティング戦略により、消費者調査が行われるとともに、地域の観光資源を絡ませたストーリーによって消費者に遡求された。さらに、地域の観光資源を活かして、観光客にこの地域ならではの食を体験してもらう活動も広がり始めた。銀沫の取組みは、消費者志向であるだけでなく、地域志向でもある。こうした取組みは、単なる地域特産品づくりに終わるのではなく、地域ブランドづくりの先進事例とも言えるであろう。

大量生産と大量消費は過去のものであり、作った物が売れる時代ではなくなった。作った物に対する消費者の反応を確かめながら改善し、さらに売れる物を作らなければならない時代である。市場のニッチを見つけ、いかにそこで生き残っていくかが今日的課題である。ただし、少量であることに希少価値を求めるだけでは、消費者にそっぽを向かれる可能性もある。銀沫がマスメディ

アに取り上げられる機会が増える中、2017年11月には、全国放送の人気のグルメ情報番組で銀沫の特集が組まれた。これにより、インターネットによる注文が殺到し、箱詰めの銀沫は瞬時に完売してしまった。関係者には、買いたいと問い合わせてくる消費者に販売できないもどかしさが募る。

　現在、銀沫の出荷量を増やすために、旧勝山町以外の真庭市全域で生産者を増やしつつある。しかしながら、生産組合は、栽培面積の急激な拡大には慎重である。栽培面積を拡大することにより、質の悪い銀沫が出回ることを恐れているためである。良質の銀沫は、良質の種芋からできると同時に、生産者の日々の努力によって生み出される。綱島氏は、「良いものを作ろうとすれば手をかけにゃいけん」と言う。良質の銀沫によるブランド価値を維持しつつ、消費者の期待に応えていくには、どういった取組みが必要なのか。生産組合の試行錯誤は今後も続けられる。

参考文献

太田昇『『里山資本主義』真庭の挑戦：森林資源を生かした真庭市の戦略』（2018）講演資料

特定非営利活動法人21世紀の真庭塾監修『『21世紀の真庭人の1日』への軌跡：「21世紀の真庭塾」記録集』作陽印刷工業（2017）

中村聡志「持続可能な地域経済の実現：岡山県真庭市の木質バイオマス利活用」、辻哲夫監修田城孝雄、内田要編『まちづくりとしての地域包括ケアシステム：持続可能な共生社会をめざして』東京大学出版会（2017）

岡山県真庭郡勝山町「合併50周年記念特集 新しい特産品づくり」広報 勝山 No.534（2004）

時岡和雄・遠藤寛子「インタビュー 経済人に聞く No.204 株式会社ベーシックプロダクト 代表取締役 時岡和雄 デザインの力で、地域の産品をブランドに！」METI Chugoku：経済産業省中国経済産業局広報誌　No.784（2007）

コラム 真庭市でマップ作り ― 山陽学園大学の地域活動 ―

　山陽学園大学は、「愛と奉仕」を教育の基本理念に置き、その具体的な実践活動として、これまでも様々な地域活動を行ってきた。ここでは、多様な地域活性化の取組みを積み重ねてきている真庭市において、山陽学園大学がマップ作りを通じて、内発的な地域の活動と連携していった事例を紹介したい。

（1）「真庭に住もうマップ」の作成
　山陽学園大学総合人間学部澁谷ゼミナールでは、2005年度から岡山市中区を中心にマップ作りを通じた地域課題の解決に取組んできた。具体的には、学生が福祉環境づくり、地域防災や交通安全といった観点から地域の関係者を取材し、その成果を記載した地図等の資料を作成、そしてそれらを地域に配布し、啓発活動を行うというものである。

　ここ真庭市では、2015年度に岡山県からの補助金や真庭市役所の全面的な支援を受けながら住環境に関する現地調査や、同市にU・Iターンをした人とのワークショップ等を実施し、それをもとに真庭市への移住を促す「真庭に住もうマップ」を作成した。このマップはB2版両面構成で、第1面（春マップ）は子どもがいる家族に市内の居住条件のイメージを掴んでもらうために、コミュニティバスの

「真庭に住もうマップ　春マップ」（部分）
出典：筆者（澁谷）

ルートや、保育園・幼稚園・こども園と小・中・高等学校の位置を表示している（上図）。また、第2面（紅葉マップ）は高齢者がいる家族の居住のためのマップであり、コミュニティバスのルートを表示した上に、病院・医院の位置を記入している。

　完成したマップは、真庭市のバックアップにより、市の施設や大阪や東京の岡山県事務所、定住センターに配布して移住者誘致に役立ててもらうことにと

「真庭に住もうマップ」の配布
(左:真庭高校、右:真庭市蒜山振興局) 出典:筆者(澁谷)

どまらず、市内の全高校生にも地域学習の教材として配布することで、将来のUターンを考える契機になることにも期待している(上図)。

(2) 真庭市と山陽学園大学との連携

この「真庭に住もうマップ」作成の翌年度(2016年度)にも、景観の問題に的を絞った調査報告書「真庭学びのパスポート」を作成、配布した。さらに、2016年には真庭市と山陽学園大学・山陽学園短期大学との間で連携協定を締結して、一層関係を深めるとともに、2018年4月に地域マネジメント学部が開設されたことにともなって、フィールドワーク科目「地域実践」の一環で、大学生と地域の人々とが連携した新たなワークショップ等を実施している。

本章の事例からも明らかなように、真庭市は多様な地域資源を有するとともに地域の中からボトムアップで地域課題の解決に取組んできた地域である。このような様々な知識・知恵が埋め込まれた地域に、生まれ育ってきた環境や時代が違う大学生たちが直に触れ、気づきを得て、それを実践の形でフィードバックしていくことが、真庭市の未来にとっても、またいずれかの地域の未来を担うことになる学生たちにとっても有益な創造の場となると考えられる。今後も、こういった取組みを継続していきたい。

第4章

西粟倉村の取組み

1. 西粟倉村の概要と取り上げる事例

（1）地域の概要

粟倉村は岡山県の最東北端に位置し、1,000m を超える中国山地を介して、北は鳥取県智頭町、東の一部を兵庫県宍粟市と接する県境の村である。鳥取とつながる智頭急行線、鳥取自動車道が村内（2003年全面開通）を走り、岡山県よりもむしろ関西とのアクセスがよい地域である。2019年5月時点で、人口 1,453 人、世帯数 607 世帯。面積 57.97km² のうち森林比率は 95％である。

西粟倉村は、合併を選択しなかった山村である。実に、明治以降 123 年間にわたり単独自治体を維持している。平成の大合併の際も、2004年に村議会の賛成を得て、隣接の美作市等周辺自治体との合併協議会から離脱し、自主自立の道を選択した。

この選択ができた理由は、①昭和の時代に簡易水道やほ場、

図 4-1　西粟倉村の位置

1995年には農業集落排水の整備を行う等、インフラ整備を終えていたことと、②2000年の財政改革による地方交付税の削減の際、無駄をカットし、財政支出の抑制の目途をつけてきたことにある。

一方で、中山間地域特有の課題は深刻である。このため、関西圏と鳥取とを繋げる通過交通を活かした観光振興に力を入れ、国民宿舎、温泉施設や道の駅の整備等、観光交流事業を展開してきた。

しかし、観光振興ばかりでは限界もあり、新たな地域づくりが必要とされた。そこで、2つの方向で地域づくりに取組むことになる（2つは不可分である）。1つは地域資源である森林を柱とする木材の循環的利用を図る「百年の森林構想」である。それが基流となり、森林の持つ気候変動防止の働きを強調し、環境モデル都市の指定につながっている。もう1つは、2007年の雇用創出協議会で打ち出した「起業型移住者を受けいれる」という選択である。

（2）取り上げる事例

西粟倉村における地域づくりのうち、3つの事例を取り上げる。1つ目は、森林資源を活かすベンチャーである。特に、(株)木の里工房木薫における木製の保育家具、(株)西粟倉・森の学校における賃貸住宅の木製タイルといったニッチ市場の開拓の動きに注目する。(株)木の里工房木薫は地元人材、(株)西粟倉・森の学校は移住人材による起業である。前者の起業が後者の起業を誘発し、さらに起業型移住を招き入れる流れをつくってきた。

2つ目は起業型移住のうち、女性に注目した事例である。(株)西粟倉・森の学校にインターンで来た女性が、オリーブオイルとの出会いを契機に油製造を起業した事例に注目する。女性によるローカルベンチャーの持つ女性と地域にとっての意義を論じる。

3つめは再生可能エネルギー利用に関する起業型移住である。取り上げる事例は、森林資源の循環的利用におけるサーマルパス（熱回収）の部分を担う(株)sonrakuの薪ボイラー事業である。同社は、村内の国民宿舎と温浴施設、自ら運営するゲストハウスで、薪ボイラーへの薪供給と湯沸かしを行っている。

3つの事例は、百年の森林構想から生成、派生してきた動きである。相互に関連しあい、西粟倉村の地域づくりの推進力となっている。

2. ローカルベンチャー

(1) 「ローカルベンチャー」評価の視点

　西粟倉村のいわゆる「ローカルベンチャー」について述べる。いわゆるというのは、牧大介氏（エーゼロ代表取締役、西粟倉・森の学校代表取締役）が同名の著書を公刊しているからである。当事者が実際に基づいて書いたものであるから、本節の第1級資料とした。なお、同氏へのインタビューにより確認と補完を行った。

　そのうえで、本節は現地現場の「ローカルベンチャー論」とはやや違った視点で述べる。それは、「ローカルベンチャー」をより客観的に評価するという視点である。全国的にも注目されている「ローカルベンチャー」は、その成果や意義について過大な評価がなされている可能性がないとはいえないからである。

　それは、牧氏自身もそして同じくインタビューを行った「ローカルベンチャー」のもう一人の当事者である（株）木の里工房木薫代表取締役の國里哲也氏もよくわかっており、実態を把握し現在の問題点と今後の課題を見据えておられることはお話から十二分に窺えた。

　前置きが長くなった。本節のテーマは、西粟倉「ローカルベンチャー」がベンチャー企業としてどのような意義を有するのかについて述べることである。「ローカル」であろうがなかろうが、どんなベンチャーであろうが、経営的にみてどのようなパフォーマンスと有意性、独自性を有するのかは客観的に評価される必要がある。

　中山間地の小さな村での起業がどのような経営戦略とビジネスモデルを駆使していかなるパフォーマンスを実現したのか、西粟倉「ローカルベンチャー」の代表的な企業、（株）木の里工房木薫と（株）西粟倉森の学校の2社を題材にして明らかにする。

(2) 木材加工業と起業～「衰退産業」という「幻想」

　西粟倉「ローカルベンチャー」は33社（西粟倉村産業観光課へのヒヤリングによる）あるとされる。先の2社は森林が面積の95％を占める西粟倉で、その森林を基に起業した。西粟倉では林業5社、林産業5社が起業したとされる（『西粟倉村ローカルベンチャー図鑑』）。2社はともに林産業のなかの木質・木材を加工して木材製品を製造する木材加工業者である。

　加工する木材は輸入材（外材）と国産材に分かれるが、国産材と外材の加工・流通ルートは大きく異なる。外材は商社や大手住宅メーカーが大量に買いつけ一貫した流通体制のもとで流通している。

　対して国産材は、製材業者、工務店等複雑なルートを形成しておりコスト上昇の要因となっている。ただし、近年の国産材素材生産者（森林組合等）が製材・加工・販売まで行う加工・流通ルートの変化（単純化・直接化とコスト低減化）が生じている。

　その大きな要因となったのがプレカット加工である。プレカット加工とは、素材がプレカット工場で規格加工されるため工務店や住宅メーカーが製品市場を経由せずに直接発注調達できることをいう。こうした動きは近年の木材需給

図 4-2　木材自給率の推移
出典：林野庁企画課「平成29年木材需給表　平成30年9月」より作成

率の動向を反映している。外材に押され続けてきた木材供給にあって国産材自給率が2002年をボトムに反転上昇しているからである。国産材活用が進んだのである（図4-2）。

以下は、国産材の加工・流通ルートを示したものである。

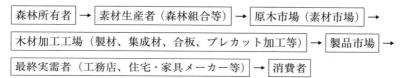

国産材活用の主要な担い手は住宅メーカーによる低層住宅、低層非住宅・中高層建築物の外材代替によるものであるが、同時に、国産材の加工・流通ルートの改善に基づく中小木材加工メーカーの非住宅市場（ニッチ市場）への参入も貢献している。西粟倉「ローカルベンチャー」の嚆矢となる（株）木の里工房木薫が設立されたのが2006年であるが、国産材を活用した木材加工メーカーが非住宅のニッチ市場で活躍するビジネスチャンスが木材自給率の反転上昇という背景によって生じたのである。

ところで、国産材の加工・流通の変化による業界の刷新にもかかわらず、産業的にみた林業、木材加工業・林産業についての一般的認識は「衰退産業」ということであろう。実際、その認識に間違いはない。データ的にも、右肩下がりの出荷量推移により「衰退産業」であることは裏付けられているからである（図4-3参照）。

とするならば、先に述べた住宅メーカーを担い手とする国産材を活用した低層非住宅・中高層建築物市場、中小木材加工メーカーを担い手とする国産材を活用した非住宅市場の拡大をどう理解するべきか。こうした動向が実際上明らかであるとしても、「衰退産業」という一般の認識を刻印づけているのはあくまで数値上の問題である。それを覆す動向が数値上一定規模に達しない限りデータ上はカウントされないから、「衰退産業」であるとするデータはそれに反する事実をも含む「数値上の幻想」にすぎないということになる。

しかし、住宅メーカーを担い手とする国産材を活用した低層非住宅・中高層建築物市場、中小木材加工メーカーを担い手とする国産材を活用した非住宅市

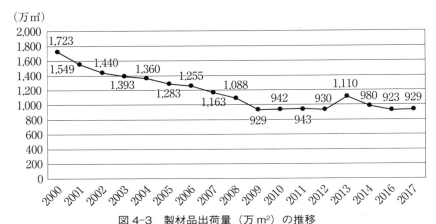

図 4-3　製材品出荷量（万 m²）の推移
出典：農林水産省「木材需給報告書、木材統計」より作成

場の拡大が「新たなファクト」である限り、「衰退産業」を示すデータが「反転傾向」を示すことになる可能性はある。ただ、今現在のところは、全国のどこかここかで存在する「小さなファクト」にすぎない。

　とはいえ、西粟倉「ローカルベンチャー」は全国どこでもある中小木材加工メーカーの話であるとはいえないほどのビジネス上のインパクトを持っていると考えている。それは、林業・林産業のビジネスモデルの革新に関わるからである。その点については、次項と次々項で具体的に西粟倉にある「小さなファクト」を分析するなかで述べる。

（3）（株）木の里工房木薫と保育家具〜待機児童市場に狙いをつけた保育家具ニッチャーの起業経営

　（株）木の里工房木薫（以下、木薫）の設立は、単なる木材加工メーカーの起業の話ではない。現在の西粟倉すべての「始まり」なのである。現在の西粟倉の代名詞となっているは「ローカルベンチャー」と「百年の森林構想」である。そのどちらもこの会社をモデルとして生まれたものである。それがこの会社の意義である。

　先にもふれたが、西粟倉「ローカルベンチャー」の創出は 2006 年の木薫の

設立に始まる。木薫は國里哲也氏が西粟倉村森林組合（退職時は合併して美作森林組合）を辞職して起業した会社である。國里氏へのヒヤリングでは従業員は当初6人であった。木薫の主業種は木製家具製造業である（東京商工リサーチ企業情報）。『西粟倉ローカルベンチャー図鑑』によれば、森林整備（林業）と保育園向け家具・遊具が事業内容である。

　國里氏は、西粟倉の林業を発展させることを目的として西粟倉の木材を活用した製品を製作販売する事業を創業した。西粟倉村に50年受け継がれてきた森林資源の適正な管理と運用を図って次の50年を見据えて森林の再生による新たな価値の創出と地域の活性化を目指す「西粟倉百年の森林（もり）構想」（以下、百年の森林構想）をスタートするのが2008年であるから、木薫の事業開始は「百年の森林構想」の先駆けでもあった。牧氏によれば、「百年の森林構想」は木薫のビジネスモデルを村全体にスケールアウトさせたプロジェクトであった（『ローカルベンチャー』p.132）。

　森林組合で森林資源の保護・管理に従事していた國里氏が、森林資源の活用による林業の発展を志し、そのための事業として保育園向けの家具や遊具の制作・販売を選択したことには國里氏の思いが込められている。子どもたちに木製の椅子やテーブル、遊具を通じて本物の木のもつ香りや手触り、温もりにふれる機会を提供したい、次の世代の子どもたちと林業の繋がりを築いていきたい、というのがそれである（『西粟倉村のローカルベンチャー』p.6）。「掲げたコンセプトは『森から子どもの笑顔まで』。森づくりから、それを商品にしてお客さんに届けるところまで、つまり林業経営と工房経営を一貫して行う試み」（『ローカルベンチャー』p.130）であった。

　林業経験者が木材加工の会社をやるのは木材つながりで経験が生かせて容易にみえるが、実際にはサラリーマンが一転してサラリーマンを雇う経営側をやるのであるから未経験の世界である。まして、子どもたちと林業への思いだけで子ども向け製品のノウハウも事業運営への確かな根拠もなく行うのであるから、リスクだらけの話である。おまけに資金の当てもなく出発したのであるから、恐ろしく無謀な話であった。「西粟倉のモデル」はかくして産声をあげたのである。

しかし、『ローカルベンチャー』（pp.130-132）によれば、当時、西粟倉地域再生マネージャーであったリサイクル会社のアミタ（現、アミタホールディングス）の熊野英介社長が 2,000 万円を出資し、木材リユース事業の発注を行ったことと森林組合時代の仕事上のつながりが林業関係事業の受注につながったことが、木薫の創業を支えた。

ただし、目的としていた保育園の木製家具・遊具製作販売事業がすぐに展開できたわけではなく企業としての経営がスムーズに軌道に乗ったわけでもなかった。木薫のビジネスモデルは、森林の間伐作業を行いその間伐材を素材として保育園の家具・遊具を製作販売して森林所有者に間伐材代を支払うというものであった。通常は、森林所有者が間伐作業に対して料金を支払うのが森林所有者と間伐業者（森林組合）の関係である。しかし、森林所有者との交渉は進まず間伐材を得ることはできなかった。そこで、事業的には森林組合からの土木資材の製作受注と店舗什器の製作が中心となっていた。

転機となったのは、2008 年のリーマン・ショックであった。仕事がなくなったことが木薫本来の事業への後押しとなったからである。従業員総出で大阪市内のすべての幼稚園・保育園（約 220 施設）に電話をかけ営業に走り回った。この努力が功を奏して保育家具・遊具事業が木薫の事業の柱として成長し、また「百年の森林構想」関係事業も成長して 2 つの事業が 7 : 3 の割合で木薫の経営を支える柱となった。そして 2009 年度には設立から 4 年にして初めて単年度黒字を実現する。以降、事業は軌道に乗り 2011 〜 12 年には業績は安定した。

以降の経営状態は表 4-1 の通りである。2017 年 12 月時点での従業員数は 14 人、現在の従業員数は設立時の 3 倍を超える 21 人となっている。

さて、以上の木薫の起業経過をみると、起業数年で経営の安定化を実現し、

表 4-1　（株）木の里工房木薫の経営業績　　　　単位（千円）

決算期	2013.12	2014.12	2015.12	2016.12	2017.12	2018.12
売上	134,932	196,175	216,055	155,801	246,108	270,590
利益	1,500	10,056	966	426	957	150,009

出典：東京商工リサーチ企業情報（2019 年 5 月）より作成

その後12年経った現在でも比較的順調に成長を遂げたといえる。木材加工メーカーとしてほとんど経験がない（國里氏へのヒヤリングによれば森林組合時代の組合事業として間伐材利用担当の経験はあったそうであるが）状態から出発したのであるから、「成功起業」であることはいうまでもない。

　ただし、全国に数多ある起業の事実としては、3億円以下の売上高企業が1社出現しただけのことにすぎない。しかし、西粟倉にとってその成功体験の意義は大きく、西粟倉で共有化され続々と続く西粟倉「ローカルベンチャー」群が生まれる契機となり、さらに、西粟倉村が「百年の森林構想」の実現に向かうために必要な「小さな成功体験」の最初の一歩ともなったのである。

　さて、華々しい意義に水をさすつもりはないが、木薫の起業の意義について語るべきは他にあるというのがここでの議論である。先に述べたが、2000年代に入ると木材自給率利用が反転上昇、つまり国産材の利用が進展した。つまり、木薫が目指す西粟倉の国産材を活用した保育家具・遊具製作販売事業はそうした木材市場を背景に持っていた。しかしながら、木薫國里氏は思いを優先して事業化した。つまり、起業に際して創業者が当然に検討する事業成長性や事業採算性等ビジネスとしての可能性を注視せずに、保育家具・遊具製作事業を手がけた。

　そのことは、「結果的に正解」であった。何度も述べるが、「衰退産業」に属する木材加工業を手がけるということは、一般的には、既存市場（一般にはレッドオーシャン市場）に参入することである。つまり、いわゆるベンチャー企業が参入しやすいライバルなき市場ではない。ところが、國里氏の思いは別として、ビジネスライクには、保育家具・遊具市場は、既存市場のなかで国産材を利用するという意味で新市場、また、保育園をターゲットにしたという意味で成長市場である有望市場であった。

　厚生労働省子ども家庭局保育課報道発表（2018年9月7日）の「保育所等関連状況取りまとめ（平成30年4月1日）」では、全国的な保育園設立数は近年急増を示している。つまり、保育園の新設が増加傾向にあり、当然、そのために需要が発生する家具・遊具市場の拡大傾向をビジネスチャンスとして木薫の事業は展開されたということである。

ただし、こうした保育園の新設は大都市とくに東京を中心としており、その背景には待機児童の存在がある。表4-2と表4-3は東京における保育園の増加傾向と待機児童の推移を示している。國里氏は、木薫のターゲット保育園の多くは東京の保育園であるとしており、そうした大都市保育園と待機児童の動向をビジネスチャンスとして事業の成長がみられたことを証拠づけている。

　保育家具・遊具事業にはビジネスライクに参入したわけではなかったが、結果的に「正解」を導き、参入したうえでニーズに合わせて東京の保育園市場に「適正に」シフト、アジャストしたといえよう。こうしたことはビジネスの世界ではありうることなのでこれ以上とやかく述べないが、重要なことは、木薫の場合、結果的に有望市場を選択したことに成功要因の一つがあるのだが、しかし、国産材の保育遊具・家具事業というブルーオーシャンの市場を意図的に選択したことが大きな成功要因であったということである。

　つまり、木薫という「小さな持たない起業家」はニッチャーとしての戦略を「適正に」行使し、成功を得たということである。かつ、そうしたニッチャー戦略と小さな成功体験は、次に続く「ローカルベンチャー」に共有化され、蓄積され、引き継がれていく。次に述べる（株）西粟倉・森の学校の成功はそのことを示している。

表4-2　東京都の保育所設置状況

年	2013	2014	2015	2016	2017	2018
認可保育所	1,915	2,019	2,184	2,342	2,558	2,811
認証保育所	694	719	700	664	631	610

出典：東京都福祉保健局「報道発表資料」（2018年7月30日）より作成

表4-3　東京都保育所等利用待機児童の推移

年	2013	2014	2015	2016	2017	2018
待機児童数	8,117	8,672	7,814	8,366	8,586	5,414

出典：表4-2と同じ

（4）（株）西粟倉・森の学校とユカハリタイル・ワリバシ～賃貸住宅に狙いをつけたユカハリニッチャーの起業経営

木薫の「小さな成功体験」を受け継ぎ起業したのが（株）西粟倉・森の学校（以下、森の学校）の牧大介氏である。木薫創業3年後の2009年に起業を果たした。

牧氏は西粟倉「ローカルベンチャー」の一員ではあるが、『ローカルベンチャー』の著者でもあり西粟倉村の地域リーダーとしての扱いの方が相応しいかもしれない。ただ、本節の趣旨は西粟倉「ローカルベンチャー」をベンチャー経営の視点から評価し述べることであるので森の学校の起業家として扱う。ただ、その内容については『ローカルベンチャー』でご自身が少なからず語られているので、著書を起業現場の一級資料として使う。

『ローカルベンチャー』（pp.42-43）では、森の学校は「『百年の森林事業』における木材の加工・流通を担う『総合商社』」であるとしている。百年の森林構想に対する並々ならぬ思いが表明されているが、ここでは、帝国データバンク企業情報（2019年1月）で主業種とされている造作材製造業の木材加工事業者として分析を行う。

ニッチャー木薫の教訓はすぐに生きる。「衰退している木材加工業界に新規参入するわけなので『競争を回避できる新しい市場を開拓する』ということを目指し」た（『ローカルベンチャー』p.44）。木薫が試行錯誤の末に結果的に辿り着いたブルーオーシャン市場へ「戦略的に参入する道」を選んだ。

その武器となったのが、現在の主力商品「ユカハリシリーズ」であった。木薫國里氏が思いと経験を込めて辿り着いた商品開発に「戦略的に」辿り着いた。腐りや損傷のある板を短くして使えるものとし、賃貸住宅のタイルカーペット代替材としてDIYキットとして商品化したのである。「従来の木材販売は新築住宅向けが基本となっているので、賃貸住宅向けに商品をつくれば競争を回避して新しい市場が開けるのではないかと考えた」（『ローカルベンチャー』p.154）。賃貸住宅向けの「リノベーション」商品というニッチ市場への参入が戦略として設定されたわけである。

表4-4によれば、この賃貸住宅向けの市場への参入が根拠を持っているこ

とがわかる。新設住宅着工数のうち賃貸住宅の着工数が、森の学校が参入した時期以降回復基調となっており、また、林野庁木材産業課資料（「顔の見える木材での家づくり」グループ数及び供給戸数の推移　2014年）による同時期の木材による家づくり数の急増を併わせて判断すると、木材賃貸住宅のニーズが増加しているという傾向がみてとれる。森の学校の参入が成功する根拠があったことを示しているといえよう。

表4-4　新設住宅着工数の推移　　　　　　単位（万戸）

年	2004	05	06	07	08	09	10	11	12	13	14	15	16	17	18
総数	119	130	106	123	109	79	81	83	88	98	89	91	97	97	94
賃貸	47	50	54	44	46	32	29	29	32	36	36	38	42	42	40

出典：国土交通省「2018年建築着工統計調査報告　平成30年計」より作成

　売れ行きが伸びることで間伐材も利用できるようになった。部屋のタイプに合わせて杉やヒノキの床材を敷くと無垢の床ができる。タイプにより「ユカハリ・タイル」「ワリバシ」等60数品目の商品があり、部屋の縦横の長さを入力すれば必要なタイル数量が自動計算できるようにし施工を容易にした。「小さな地域の林業を支えるため、少量多品目の木材加工モデルにより木材の価値を最大限に生かすことを目指した」（『ローカルベンチャー』pp.46-47）経営戦略であった。

　量産型商品を捨てて特定商品市場でのニッチ・トップあるいはオンリーワンを目指す「持たざる企業の競争優位化戦略」といえる。自らの企業のポジションを見極め、自らの企業の能力を最大限生かす競争戦略の行使であった。西粟倉の木材加工のポジションと能力的価値を体験的に会得した木薫の経験と知見が見事に継承された結果といってよいのではないだろうか。木薫の「最初の一歩」に学び、もらさず生かそうとする西粟倉の「学習組織効果」（「知識移転効果」）のなせるものと考える。

　ただし、前例にない木材加工の起業経験について、まったく知識も経験もない者が学び実行していくのは容易ではない。まして、未開の市場を切り開くか

たちでの参入であるから、営業は地域工務店を対象とした試行錯誤となった。「起業してからは思考錯誤の日々」で「倒産の危機まで」あった。「ユカハリシリーズ」を始め工場を立ち上げた翌年の2012年、設備投資、在庫投資、人件費が膨れ営業赤字が生じたからである（『ローカルベンチャー』p.47）。

　経営を立て直した要因は、少量多品種の見直しであった。「採算を考えて割り箸の事業規模を縮小し、『ユカハリ・タイル』を中心とした内装事業に特化」した。少量多品種の木材加工ビジネスモデルも様々あり、大まかには「横展開モデル」と「深堀モデル」、前者が経営能力を超え危機を招いたためそれを修正して無理のない後者に転換したということになろう。ただし、多品種商品の「出口の見込みをつくることで工場の安定稼働を実現し」（『ローカルベンチャー』p.159）販売リスクを回避したことが効を奏した。

　起業リスクというのは起業にほぼ必ずともなうといってよい。したがって回避方法のパターンが提示されることがあるが、実際には、企業によりリスクのあり様も回避の方法もケースバイケースのことは数多ある。木薫と森の学校は木材加工という同じジャンルに属するとはいえ市場のあり様は大きく異なっており、経験したリスクはまったく異なる。にもかかわらず、ともに商品ジャンルを特定化することで、つまり、ニッチャー戦略を徹底化することでリスクを回避したといえよう。

　経営リスクを脱した森の学校は2014年黒字転換を果たした（表4-5）。以後、2016年に赤字化しているが経営は好転しているといえよう。売上高は2015年以降2億数千万円を確保しているからである。『ローカルベンチャー』（pp.159-60）によれば、これは売上げの80％を近県の工務店、大手ゼネコン、自治体等BtoBでの公共施設や大規模な木造施設等の床、壁、天井の内装材のオー

表4-5　(株)西粟倉・森の学校の経営業績

単位（売上：百万円、利益：千円）

決算期	2012.12	2013.12	2014.12	2015.12	2016.12	2017.12
売上	118	186	204	263	253	335
利益	－80,744	－12,009	70	22,597	－23,126	7,700

出典：帝国データバンク企業情報（2019年1月）より作成

ダーが安定的に確保できるようになったことによる。市場参入に成功した証左といえよう。

（5）1次産業の6次産業化ビジネスモデルの「革新」

　西粟倉「ローカルベンチャー」は、先に述べたようなベンチャー企業としての「成功」を実現しただけではない。1次産業のビジネスモデルの「革新」に関する問題があるからである。

　1次産業のビジネスモデルということで有名なのが6次産業化である。とくに農業では多くの事例が発表されている。ところが、林業・林産業の事例については寡聞にして筆者は知らない。しかしながら、森の学校が目指したビジネスモデルは、「伐採から製材、商品の開発と製造、お客さんとなる消費者や工務店等への販売まで、森からお客さんまでのバリューチェーン」（『ローカルベンチャー』p.45）を整えていくというものである。

　図4-4は、その牧氏自身のイメージ図である。牧氏は六次産業化という用語を公には使っていないが、1次産業の効果的なビジネスプロセス創出を目指す6次産業化の林業版コンセプトと受け取れる。ただし、推進している農水省のコンセプトとはやや異なると考える。

　後掲図5-4は、6次産業化のコンセプトについて農水省と牧氏を比較したものである。異なるのは、農水省がビジネスプロセスの強い紐帯（＝統合化）のイメージが強いのに対して牧氏は緩やかな紐帯（＝連携化）のイメージが強いことである。実は、このことは1次産業のビジネスモデルについての重大なコンセプトの相違を含意している。

　議論の余地はあるが、前者は新たに大きな投資により経営の効率化を一気に目指す方法と考えられるが、後者は複数の企業により徐々に協調的なグループを形成し大きな投資を避けてグループ効果を目指す方法と考えられる。はたして、多くの地域においてどちらが実際的現実的かと考えた場合、後者を選ぶのがごく自然であると考えるのである。

　しかし、このコンセプトは地域に現実的というだけではなく、従来になかった1次産業の「6次産業化」のコンセプトを提示するものであり、かつ、林業・

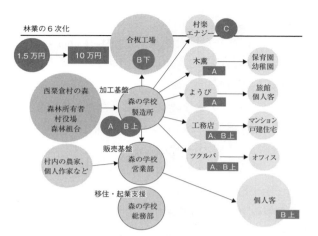

図 4-4 牧氏の 6 次産業化イメージ図
出典：牧大介氏資料

林産業の新しいビジネスモデルを提示するという「革新」になっていると考えるのである。

　さて、西粟倉「ローカルベンチャー」について、ベンチャー経営として切り開いたものと 1 次産業の 6 次産業化モデル「革新」へのインプリケーションについて述べた。冷めた目線では、トップビジネスでも 3 億円程度の売上をもたらしたにすぎないし、寄り合い所帯の小さな起業集団が中山間地で蠢いているにすぎない。正直、このまま順調に成長するとは思えないほど厳しい前途はある。だが、世間はなぜそうした集団に着目するのだろうか。それは、「衰退」とか「消滅」とかで語られている 1 次産業に属する小さな企業群が為そうとしているテーマに興味を惹きつけられるからではないだろうか。

　ここではそうした集団に対してあえて世間的な評価とは異なる経営的な評価を試みようとした。結果、大きな意義を持つ「小さな成果」について述べることになった。為そうとすることの大きさと為したことの小ささが印象付けられる結果になったといってもよいかもしれない。しかし、「数値的な幻想」がこうした「小さな成果」の積み重ねによって覆されることはしばしばあることである。現時点での評価が正しかったのかどうかは、読者に委ねたい。

3. 地域再生における女性と起業 ― 西粟倉村 ablabo. を事例として ―

（1） 経済成長至上主義からの脱脚

　地域再生は地域にとって大きな課題である。ただ一言で地域再生といっても、実はどの観点を重視するのかによって目指す再生の形は変わってくる。

　これについて財政社会学者の神野直彦は、これまでの「生産の場」としての地域ではなく、「生活の場」として地域が再生されることの必要性を指摘する（神野・高橋 2010）。また、日本経済学の専門家である高橋伸彰は、地域再生においては、「資本の論理（利潤の最大化）」から脱し、「さまざまなコミュニティで醸成された人と人の絆」の重要性を強調する（神野・高橋 2010）。

　類似の立場で、よりグローバルな観点から、21 世紀の経済社会の在り方について重要な視点を与えてくれるのが、Oxfam（イギリスの国際協力団体）と国連で 20 年以上の勤務経験を持つオックスフォード大学の経済学者ケイト・ラワースである。

　ラワースはこれまでの経済学の成長至上主義的態度を批判し、地球上の誰もが基本的欲求（basic needs）にアクセスできる持続可能な経済を目指すべきとし、概念図がドーナツの形状に似ていることから、これをドーナツ経済学と呼んでいる（ラワース 2018）。

　国連でも、先進国と途上国がともに目指すべき目標として、持続可能な開発目標（SDGs）が採択され、17 の目標が設定された。それには、「クリーン・エネルギー」「気候変動への対策」等の環境に関する項目に加えて、「貧困の撲滅」「ジェンダー平等の実現」等の社会的な公平・公正に関する項目が含まれている。これまでの国連による目標が主に途上国向けであったのに対して、先進国も途上国も共に同じ目標に向けて取組んでいこうとする点で SDGs は先進的である。

　これらはいずれも成長を否定するわけではないが、成長を究極の目標とするのではなく、持続可能な経済を優先事項として経済活動を見直そうとする立場である。グローバル化した市場経済の影響を最小限に抑えるために、地域内で

循環する経済の重要性は増しており、(国内の) 地域をフィールドとする多くの研究者にその点は共有されている。

しかし、日本においては「持続可能」という用語からか、環境への関心が中心になりがちであり、貧困削減、ジェンダー平等といった社会的公正や公平を是正する問題が、地域の課題として取り上げられることは多くない。

域内で生産されたものを域内で消費してもらうためには、域内の人々への分配がうまく機能する必要がある。そのためには、経済循環で対応できない部分を包摂するような機能がシステムに組み込まれることが肝要である。

特に日本のジェンダー平等は、世界経済フォーラムが毎年発表するジェンダーギャップ指数で見ると、2018年は110位と先進国の中でも最下位であり、しかも順位は毎年低下する一方である。こうした問題が残されている限り、域内経済循環がうまく機能しても、人々の福祉が改善されることはなく、経済循環により利益を受ける人々の格差も再生産されるだけである。

こうした問題意識のもと、本節では、経済循環だけで対応できない分配機能の一部を女性の起業が担いうることを、西粟倉村の女性の起業を事例として示す。同時に、そうした分配機能は、事業を取り巻く環境要件が整ってこそ稼動するものである。そこで本節では、その環境要件とは何かも提示する。

(2) 女性の仕事と生活

女性の観点から地域再生を見る際に重要となるのは、労働者としての側面と、生活をする生活者としての側面の両方を持つということである。もちろん、男性がそうした両面を持たないわけではない。しかし、比較福祉国家論を専門とする大沢真理によれば、日本のシステムは1980年代以降、よりいっそう強固な「男性稼ぎ主」型となってきた (大沢2013:121)。すなわち日本では、男性が主に外で仕事をし、女性は主に家事・育児等を担い、仕事は家計を補助的に担うことが想定され、システムもそのように構築されてきた。そのため、女性の家事育児負担は男性に比べて重く、生活面で家事に加えて出産・育児の負担が増加すれば、仕事面から離脱する結果につながりやすい。

よって、2つの側面は日本において男性以上に女性にとって切り離すことは

できず、ひとつながりの活動としてとらえる必要がある。女性がそうした両面をより重視する主体であると捉えると、現行の制度は女性の労働者にとって不利な点が多い。その代表的なものが男女の賃金格差と仕事と生活のバランスの2つである。

1つ目の賃金格差から見ていこう。一般的に、女性の賃金は男性のそれに比べて低くなりがちである。これは日本だけに限ったことではない。しかし、2019年現在のOECD平均の男女賃金格差が13.6％であるのに比べて、日本の場合は24.5％と先進国の中でワースト3位となっている（OECD Gender Portal）。こうした賃金格差が生まれる背景として、女性は妊娠・出産・育児の時期に労働市場から離脱する場合が多く、そうしたライフ・イベント後に市

表4-6　岡山県内産業（5人以上）における男女の賃金格差

年	男女の賃金格差		
	総　額	定　期	特　別
2003	53.0	53.9	49.2
2004	53.1	54.8	45.9
2005	50.7	53.1	40.9
2006	53.6	55.6	45.4
2007	53.4	55.4	44.9
2008	52.7	54.7	43.8
2009	57.7	59.5	49.2
2010	56.7	58.7	47.3
2011	56.3	58.4	47.0
2012	55.5	57.3	47.3
2013	55.7	57.6	46.9
2014	55.1	56.9	47.0
2015	55.1	57.8	43.7
2016	56.2	58.5	46.1
2017	57.3	59.7	47.3

注：男性の給与を100とした場合の女性の給与を示したもの。
出所：岡山県統計分析課『毎月勤労統計調査年報（平成29年分年報統計表）』より筆者作成。

場に復帰しても、パートやアルバイト等の非正規雇用者として復帰することが多いということがある。

また、賃金格差の程度は地域によって異なる。表4-6は、「毎月勤労統計調査」にもとづき、岡山県内の従業員5人以上の規模の産業における男女の賃金格差を示したものである。ここで「定期」は「きまって支給する給与」、「特別」は「特別に支払われた給与」、「総額」は「現金給与総額」を意味している。「総額」は「定期」と「特別」の総額である。

これによれば、岡山県内の産業の男女の賃金格差はこの15年間で縮小する方向にはあるものの、2017年現在、女性の賃金は男性の約6割に留まっている。しかも、これは女性の賃金が上昇したというよりも、男性の賃金が下落することによって格差が縮小しているものである。また、「特別に支払われた給与」については、女性の給与額は男性の半分にも満たず、その格差は拡大傾向にある。このように雇用者としての女性の賃金及び待遇は依然として不平等なままであり、地域においてその傾向は顕著になりがちである。

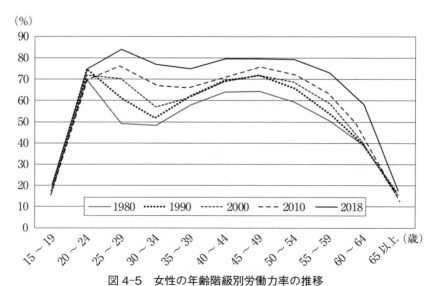

図4-5 女性の年齢階級別労働力率の推移
出典：労働政策研究・研修機構「統計表（表年齢階級別労働力の推移）」より筆者作成。

もう一つは、仕事と生活のバランスについてである。図 4-5 は、日本の女性の年齢階級別の労働力率の推移を示している。この図のように、日本の女性の労働力は 20 代、30 代で大きく窪み、40 代以降にその窪みが徐々に解消される M 字カーブとなることが知られている。これは日本の男性では見られない特徴である。また、OECD の統計（OECD.Stats）を見ると、女性の出産・育児への福祉が手厚いスウェーデンではこうした窪み（M 字）は見られず、20 代後半から 40 代までほぼ同じ労働力率を維持している。このように、近年改善されてはいるものの、M 字カーブは日本の女性の雇用の大きな特徴といえる。

　この図が意味するのは、現行の制度において、女性は妊娠・出産・育児の負担が増えると、仕事の継続が困難になるということである。すなわち仕事と生活のバランスをとることが困難になり、労働市場を離脱せざるを得なくなるのである。そして、繰り返しになるが、一度労働市場を離脱すると、復帰しても正規の職に就くことは難しく、多くはパート・アルバイト等非正規の形で雇用される。その結果、給与・待遇面で大きく男性に劣るものとなり、生涯賃金にも大きな差が生じてくる。

（3）日本の起業と女性

　各国の起業状況については、米国バブソン大学と英国ロンドン大学ビジネススクールの研究者によって、『Global Entrepreneurship Monitor（GEM）』が毎年発表されている。その最新版（2018/2019 Global Report）によると、日本の起業活動率（TEA）は、データが公表されている 67 か国中イタリアに次いで低く、男女別に見た場合、女性の起業活動率は男性のそれよりもさらに低いのが特徴である。

　また、同報告書の後半は、各国ごとに起業活動率を構成する各項目のランキングを掲載している。そこから見えてくる日本の姿とは次のようなものである。第 1 に、日本における「起業の社会的ステイタス」は対象 47 位中 42 位、「起業をよい経歴と見るか」は 46 位と、かなり低いという点である。第 2 に、「男性に対する女性の起業の機会」比率は、対象 49 か国中 40 位とこれも低い（Global Entrepreneurship Monitor 2019：88）。

このように、そもそも日本において起業の社会的ステイタスは低く、男性に対して女性が起業をする機会は多くない。先進国（同報告書の区別では「高所得国」）全体で見ると起業比率は多様であり、例えばドイツは、日本より数値は高いが、日本の起業活動率とよく似た傾向を示している。また、アジア圏内で比較すると、タイ、韓国、中国、台湾等、いずれも高い起業活動率であり、特にタイでは高い。タイは、男女の起業活動率がほぼ同じという点でも注目に値する。日本のみがそれらの国に比べて著しく低い起業活動率となっている。

しかし、世界的に女性の起業への期待は高まっている。先のGEMによれば、公式部門における女性所有者の事業体は、世界の事業体の約37％を占めている。つまり、世界の3分の1以上の事業体の所有者は女性である。また、経済協力開発機構（OECD）の報告書によれば、女性の起業は次のような特徴がある。すなわち、男性の起業に比べて小規模で、男性とは異なる起業分野が多く、決して高い成長率を目指すものではないが、経済変化に対しては男性の起業と同じ程度に安定的で強靭である（OECD 2017：6-10）。要するに、男性とは異なる分野で、小規模でも安定的な経営を行う傾向にあるのが女性の起業なのである。

（4）西粟倉村における女性の起業

前項で述べたように、日本の起業活動率は低く、女性の起業活動率は男性のそれに比べてさらに低い。しかし、日本にも女性の起業が盛んな地域は存在する。それが岡山県の最北東に位置する西粟倉村である。

公式統計ではないが、西粟倉村が発行した冊子『Be Localventure』によれば、紹介されている27の村内ベンチャーのうち10が女性によるベンチャーである（夫婦による経営を含む）。つまり、この資料から把握する限り、村内ベンチャーの3分の1を女性ベンチャーが占めていることになる。そうした起業家たちは、西粟倉村の何に魅力を感じてそこに住み、起業するのだろうか。

まず、西粟倉村にやってくる理由として、2つ挙げることができる。1つは、森の学校が評判を呼び、代表である牧さんの人柄や村の活動に惹かれて西粟倉村に来る人（あるいは配偶者に付き添ってきた人）である。そしてもう1つは、

森の学校やそこから派生した会社へのインターンとして、または森の学校が企画するベンチャースクールを通じて来た人である。いずれにしても、森の学校（及び後継のエーゼロ）が媒介となって、西粟倉村に女性がやってくる。

こうして西粟倉村に来た人々は次々と起業している。具体的な例を挙げれば、森の学校から独立してカフェ「フレル食堂」を立ち上げた西原貴美さん、酒屋のかたわら日本酒の出張バーを運営する「酒うらら」の道前理緒さん、地元の原料から油製品を製造する「ablabo.」の蔦木由佳さん、京都に店舗「メゾンドフルージュ」を置きつつ、西粟倉に苺菓子製造の工房を構えた渡部美佳さん、等がそうした女性である。

また、幼い子供をつれた夫婦の移住も増えている。表4-7は西粟倉村の年齢別人口の推移を示したものである。これを見ると、60代と80代以上の年齢層で増加が見られる一方、30代の年齢層と9歳以下の年齢層が2005年以降増加する傾向にある。これは、移住によって30代の夫婦が幼い子供を伴って移住してきたことを意味している。一般的に地方移住をする場合、夫が移住先で仕事を見つけても、その妻にすぐに仕事が見つかるとは限らない。移住先は過疎地であることが多く、既存の雇用は限られている。このような環境においては、自らが仕事を作り出さない限り仕事を見つけることは難しい。

次項では、そうした女性起業家の中でも、油の製造と販売を行うablabo.の蔦木由佳さんに焦点を当てて、これまでの歩みと将来展望について見ていく。

表4-7　西粟倉村の年齢別人口　　　　　　　　（単位：人）

	0～9	10～19	20～29	30～39	40～49	50～59	60～69	70～79	80～
1997	194	232	124	204	270	169	341	231	137
2000	142	237	132	154	264	204	278	266	154
2005	103	168	159	137	203	271	162	300	181
2010	110	110	148	144	144	248	196	234	186
2015	132	101	117	171	132	184	261	138	236

出所：岡山県『岡山県統計年報』各年から筆者作成。

（5） ablabo. 蔦木由佳さんの事例
1） 西粟倉移住の契機

蔦木由佳さんは、西粟倉村で国内や地元で採れた原料を圧縮して搾油し、その油を販売する事業 ablabo. の代表である。地理的にそう遠くない兵庫県但馬の出身ではあるが、西粟倉村は縁もゆかりもない土地であった。西粟倉村に移住する契機は、大阪の大学在学中に学生向けインターンシップを提供するNPO法人で、「西粟倉・森の学校」のインターン募集を見たことであった。

当時は森の学校が設立されて間もなく（森の学校の創業は2009年）、インターン希望者向けの募集広告にも具体的な仕事内容は明記されておらず、「営業をします」と書かれているのみであった。

インターン生募集の内容としては曖昧な表記だったが、将来起業をしたいという願望があり、起業について直に学びたいという希望があった蔦木さんにとって、この曖昧さは魅力的であった。森の学校でインターンとしての採用が決まり、週1回のペースで大阪から西粟倉に通うインターン生活が始まった。

最初に任された仕事は、賃貸住宅に対してフローリング（木製の床材）導入の需要を調査することであった。関西の不動産を一軒一軒訪問し、フローリングへの関心を尋ねてまわった。ほとんどの不動産が門前払いであったなかで、導入に興味を示してくれたところも数件ほどあった。

2） カフェ経営

大学卒業後は、一般的な企業に興味が持てず、積極的に就職活動を行っていなかった。その状況を知った森の学校関係者から声をかけてもらい、そのまま森の学校に就職することになる。森の学校ではちょうど、同社へ立ち寄る観光客や見学者の憩いの場として、カフェの開店計画が浮上していた。開店予定日は入社後すぐの4月下旬であった。

同じく就職を決めかねていた友人を誘い、2人でカフェの運営をスタートした。カフェの経験はなく、料理を専門的に学んだ経験もなかったが、料理はもともと好きな仕事であった。森の学校には料理に詳しい西原さん（現「フレル食堂」オーナー）がいたことも心強かった。

広告費がないため、FacebookやTwitter等のSNSを利用して集客に努め

たが、結果からいえばカフェの経営はうまくいかなかった。10時から16時まで開店し、予約があるときには夕食も提供したが、月の売り上げは10万円程度であった。事業としてはお荷物状態で、毎月1回の報告のたびに胃が痛くなったという。

結局、1年後に事業の見直しが行われ、カフェ事業は休止となった。また、西原さんは森の学校を退職し（数年後、カフェ「フレル食堂」を開店）、カフェの共同経営者であった友人も他の目標を見つけて去っていった。2年目にカフェはカレー等を提供するセルフスタイルの簡易食堂に変わり、3年目には完全に消滅した。

3） 油との出会い

油と出会ったのは、その後に休暇で訪れた小豆島においてであった。地域おこし協力隊員の友人に島を案内してもらい、素麺工房で素麺とともに提供された絞りたてのオリーブオイルの美味しさを知り、調味料の奥深さを知った。これが契機となり、油について詳しく調べるようになった。

カフェの経営はうまくいかなかったが、「食品に関することで起業をしたい」という思いは常にあった。油に興味を持つことにより、一度失っていた調理への情熱も蘇ってきた。

小豆島でのオリーブオイルとの出会いを契機に、油製造を学ぶ場所を探し始めた。そうした折にってを頼って紹介してもらったのが、当時92歳で津山市在住の搾油職人神谷敬正さんであった。当初は油の販売（小売）を考えていたが、考え抜いた末、西粟倉を離れずにできる「油屋（油製造業者）」を目指すことにした。

4） 油を生業に

神谷さんには後継者がいなかったことから、2014年夏に森の学校を退職し、油の製造方法を学ぶために弟子入りした。搾油は毎日行うわけではない。週に3から4日、神谷さんの技を学びに西粟倉から津山まで1時間かけて車で通った。

神谷さんの油の搾り方には独自の手順がある。薬や添加物を使わない圧搾法という方法により、8月から10月までの3か月しか絞らない。しかも、焙煎の程度や絞る際の力加減は、目で見て肌で触れて判断するしかない。それは、

一緒に作業を行うことでしか習得できない技である。

　油を絞り終わった 2014 年 12 月から 2015 年 1 月にかけて、村役場の支援により西粟倉で工房を借りることができ、3 つの商品の販売から開始した。具体的には、肉用、魚用、野菜用のハーブオイルである。当初は仕入れた油をブレンドして販売していたが、2016 年からは周辺農家と契約する等して、ヒマワリ、エゴマ、ナタネの油を搾っている。現在の売り上げは、1 人で生活するには十分な額である。2017 年に 3 年目を迎え、経営を維持できる自信を得た。

5) いくつかの危機

　蔦木さんは、これまで大小含めて幾度も危機に直面している。しかし、その度に誰かに助けられている。1 つ例を挙げると、搾油機の導入が決定しているにもかかわらず手元資金がないことがあった。国民政策金融公庫から 100 万円の融資を受けたが、その 1 割は自己資金として保有していなければならなかった。手元にはそれすらもなかったのである。それを支援してくれたのは、同じく村で起業していた女性であった。その女性は、蔦木さんが住居に困ったときに居候させてくれた人でもあった。

　もう 1 つは、搾油機の問題である。資金的な問題から小型搾油機で事業を開始したが、本来つくりたい油のためには、神谷さんが使用しているものと同じより大型の搾油機が必要であった。すると、それを知った農家の方から、「自分が機械を購入するから夢を叶えてくれないか、機械は貸すから、ゆっくりお金を返してくれればいい」と言われ、貸与してもらえた。これにより、2016 年以降、中型搾油機で搾油ができるようになった。このように蔦木さんが危機を迎えるたび、支援者が現れて救われている。

　さらに、原料の入手も困難を極めた。地元で油製品に適した原料の種を見つけるまでには 2、3 年を要した。ようやく商品となったのは、2016 年から 2017 年にかけてのことである。ただ、苦労の末に入手できた種と原料であったが、それを育てる農家の高齢化と後継者不足により、数年後には入手困難となる可能性も高い。

6) 独自の販売戦略

販路の開拓については、当初はネットショップを立ち上げたがうまくいかなかった。そこで、知り合いの店舗でワークショップを開き、啓蒙活動として油の紹介に力を入れていった。その後は取引業者の開拓に励んだ。具体的には、1件当たりの売上目標を2万円として、10件の取引先を目標に営業活動を行った。しかし、安定的な売上のためにはそれ以上の取引件数が必要となるが、それだけの製造能力はなかった。結局、ablabo.の製造能力を理解してくれる卸売業者と取引するようになった。具体的には、県内百貨店、大型ショッピング・モールの県産品を取り扱う店舗、関東の百貨店の催事店、近隣県の自然食品店等である。テレビ番組や新聞等のメディアで取り上げてもらうことも多いため、ネットショップでの売れ行きも相乗効果的に伸びている。

7) 今後の事業展開

今後の事業展開については、最大4名の従業員まで規模拡大を考えている。従業員はすべて女性を想定している。労働環境、工場の製造能力、工房のスペース等も含めて、それぞれの仕事と生活のバランスを組み込んでいくことができる最大人数と考えるからである。

また、起業に関心を持つ女性のインターンシップも積極的に受け入れている。仕事内容は、主にスタッフの補助である。これまでの問い合わせは女性ばかりで、年齢層は30代から40代が中心である。その他にも、仕事旅行「油屋になる旅」と題して、大人の職場体験も実施している。これまで10名程度の参加があり、参加者の多くは自分の好きなことを仕事にしたいと思う女性たちである。

最後に、西粟倉村で起業をすることについて蔦木さんは、都会と違い、余計な雑音がないことがメリットであると述べる。都会にいると耳にする情報量は圧倒的に多いが、それは、有益な情報も多い反面、不要な情報も同様に多いことを意味する。そうした情報の洪水から一定の距離を置くことで、余計な情報に左右されることなく自らの考えを突き詰め、独自の戦略の企画・実現へとつなげることができているのである。

写真4-1　油の原料となる種（ヒマワリ）　　写真4-2　ablabo.の製品

写真4-3　油を搾るための中型搾油機

（6）女性の起業の意義

　ablabo.蔦木さんの事例からは、女性が起業するうえでのいくつかのメリットが示唆された。それらをまとめると、以下のように要約できるだろう。
　1つ目は、経営方針の自主性である。組織に所属すると当然のことながらその組織の方針に従って仕事をしなければならない。それに対して、自らが経営者であれば、事業の業績への責任は自分で負わなければならないが、自らの裁量で自らの方針に従って事業を進めていくことができる。

2つ目は、主体的に決定できる報酬額である。経営方針を自主的に決定できるということは、報酬額を自主的に決定できるということでもある。表4-6でも示したように、他の先進国に比べて日本は男女の賃金格差が大きく、しかも大学卒業後に正社員として企業に採用されても、いったん労働市場から離脱すると、再度参入する際には非正規となる確率が高く、給与、待遇面において男性に比べて大きく劣ることになる。自営業者にとって、事業が軌道に乗り安定的な利益が出るまでは、社会保険料は大きな負担となる。その一方で、既存の組織の給与体系に組み込まれることなく、利益に応じた報酬を得ることができることは、自営業の大きな魅力の一つである。

　3つ目に、労働時間の柔軟性である。自分の意思で経営方針を決定できるということは、生活と仕事のバランスをうまく組み込みながら仕事を継続できるということである。これは、能力が高く仕事への意欲はあるが、自分の生活も大切にしたい女性にとって、大きなメリットである。

　これら3つの点は、人生の長いスパンの中で、仕事と生活のどちらかのみを選択してもう一つを犠牲にするのではなく、人生のイベントに応じて2つの比重を変え、そのときどきで自分の関心事に注力することを可能とするものである。

（7）　起業を生み出す環境要件

　ablabo.の事業としての成長は、蔦木さん自身の努力の賜物である。しかし、それを前提としたうえで、蔦木さんの起業が維持できた理由として、起業を支えた環境要因も見逃すことができない。それらを挙げると、①失敗を許容するコミュニティの存在、②セイフティ・ネットの存在、③女性ベンチャー・ネットワークの存在、の3つに要約できる。それぞれ詳しく見ていこう。

　第1に、失敗を許容するコミュニティの存在である。しばしば、日本は失敗を許さない社会であるといわれる。しかし、起業を多く生み出すためには、起業家個人のリスクを恐れない姿勢だけでなく、失敗をしてもそれを許容する社会の存在が不可欠である。その点で、西粟倉村では数多くのベンチャー企業が立ち上がっており、その代表格である森の学校も、多くの試行錯誤を経て、現在の成功にたどり着いた。このように小さな地域に起業家が多く集積すること

で、失敗してもそれを許容する雰囲気が西粟倉村には醸成されている。これにより、起業家は事業に失敗しても汚名を背負うことなく、安心して再挑戦できるのである。

　第2に、セイフティ・ネットの存在である。生活において衣食住は最低限必要なものである。特に「食」と「住」は、人間の生死を左右するほど不可欠なものである。都市部と地方部の大きな違いは、都市部では可処分所得のうち多くが衣食住に費やされることである。これに対して地方部では、衣類は全国価格で購入する必要があるが、「住」については地方自治体の補助を受けたり安価で借りることができ、「食」についても、地域の人間関係が深まるほど、安価で（場合によっては無料で）入手できる。このように、人間が生きていくうえで最低限必要な「食」と「住」が安価で提供されることにより、生活面の安定性が保障される。

　こうしたセイフティ・ネットには、公的なものと私的なものがある。先の事例では、自治体による住宅支援等は公的なものであるが、安価な「食」は私的な関係性にもとづくものである。蔦木さんが資金と住宅に困ったときに得た知り合いからの支援も、私的なセイフティ・ネットの一つである。西粟倉村の場合は、移住者が増え、起業家が増えることで、自然にそうしたセイフティ・ネットの厚みが増しているのである。

　第3に、女性起業経験者のネットワークの存在である。西粟倉村では起業家が増えるにつれ、女性起業家比率も高まっている。これは、起業経験者の増加を意味する。しかも、西粟倉村という地理的に狭い範囲に多くの住民が住んでいることから、経験者同士で事業について情報共有する機会も多い。業種は異なるが、起業家同士で情報交換することによって、事業の状況を客観視し、新たな戦略を立てることができる。このことが、西粟倉村で女性の起業がうまくいっている要因の一つであろう。

（8）福祉の向上の可能性

　以上、西粟倉村の事例をとおして、女性の起業は一般的に起業に期待される経営上の自由度の他に、報酬の不平等から自由になり、仕事と生活のバランス

という福祉の向上をもたらす可能性が高いことを見てきた。これはまさに、日本の現行制度において機能しづらくなっている経済の分配機能の一部を補完していることに他ならない。

　もちろん、起業にはリスクが付き物であり、起業家にとって、資金調達、原料調達、販路開拓等、日々頭を悩ませなければならないことは多い。しかし、本節で示したように、西粟倉村では多くの起業家が集まることによって、男女ともに起業しやすい環境が、私的公的、ソフト面ハード面を問わず、厚みをもって醸成されている。このように構築された環境が、個人が負うべきリスクを緩和する役割を果たし、起業家（移住者）のさらなる集積を呼び、地域全体を再生する力へと結びついているのである。

4. 再生可能エネルギーによる地域づくり

(1) 日本国内の再生可能エネルギーによる地域づくりの動向
1) 地域主導の再生可能エネルギーへの取組みの活発化

　気候変動（地球温暖化）やエネルギーセキュリティ、原子力発電の事故等のリスクに対応するため、あるいはエネルギー代替というビジネスチャンスの創出による環境と経済の統合的発展を狙いとして、再生可能エネルギー（以下、再エネと表記）の普及が活発化してきた。

　日本の再エネへの取組みを振り返れば、1970年代は石油危機、1990年代は気候変動対策の観点から、技術開発と普及が目指されてきた。

　2010年以降、再エネの普及が加速してきた。①2011年の東日本大震災時の福島原子力発電所の事故により全国の原子力発電所が停止を余儀なくされ、脱原発への意識が高まったこと、②「電気事業者による再生可能エネルギー電気の調達に関する特別措置法」（2012年）に基づく固定価格買取制度（FIT）の施行により再エネ電力の事業採算性が高まったことが普及加速のスイッチとなった。

　FITは、①メガソーラー等の大規模な発電所の立地を促すとともに、②個人住宅への太陽光発電の設置、③市民出資による小規模な発電所（市民共同発電）の設置を活発化させてきた。

　現在、FITの買取価格の低減が進められ、電力会社の系統接続回避傾向もあって、再エネの新規申請ブームの如き状況は一段落しつつある。しかし、2016年4月からの電力小売の全面自由化の導入により、再エネで発電した電気を供給する地域の電力会社を整備する動きもみられる等、再エネ導入は新たな局面を迎えている。

2) 再生可能エネルギーによる地域づくりの目標

　第5次環境基本計画（2018年4月閣議決定）では、重点戦略設定の3つの考え方の一つに「持続可能な地域づくり～「地域循環共生圏」の創造～」を示している。さらに、その要諦は「地域資源を再認識するとともに、それを活

用することである」として、6つの重点戦略の一つに「地域資源を活用した持続可能な地域づくり」を位置づけ、その具体的戦略の最初に「地域のエネルギー・バイオマス資源の最大限の活用」を記している。

そして、「多様な再生可能エネルギー源を活用すること」の意義として、気候変動の緩和（低炭素化）という環境課題への貢献はもとより、①地域のエネルギー収支の改善と足腰の強い地域経済の構築、②再生可能エネルギーに関連する事業等を併せて行うことによる新たな雇用と地域の活力の維持・発展への貢献、③災害時のレジリエンスの向上と国土強靭化といった地域づくりに関する3点の効果を示している。しかし、この3点は再生可能エネルギーによる地域づくりの側面を限定的に捉えている。特に、住民参加や協働による社会的な地域づくりの効果にふれていないことに注意しなければならない。

例えば、白井（2018）は、再生可能エネルギーによる地域づくりの目標として、①エネルギーの自治、②対話とネットワーク、③地域経済の自立、④公正、安全と環境共生、⑤地域主体の自立共生といった5つの目標を示している（図4-6）。

「①エネルギーの自治」はエネルギー需給やエネルギーと自分たちの関わり方を地域主体が律すること、「②対話とネットワーク」は再生可能エネルギー

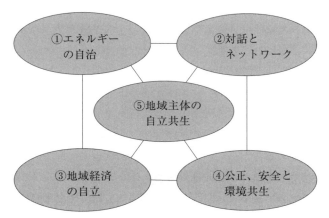

図4-6　再生可能エネルギーの導入による地域づくりの5つの目標
出典：白井（2018）をもとに作成

の導入を通じて、主体間の関係形成と主体の学習を進めることをいう。

「③地域経済の自立」は再生可能エネルギー事業により、地域内での連鎖的な生産と消費を活発化させることによる地域経済の活性化を図ることである。地域経済や雇用創出、地域の事業主体の活性化に関することに相当する。

「④公正、安全と環境共生」は、再生可能エネルギーの導入による社会的弱者への福祉を高めること、自然災害等に対する地域の安全・安心の向上、気候変動やエネルギー問題、さらには地域の環境問題（大気環境の保全、自然生態系との共生）の解決への貢献である。環境面での目標はこれに含まれる。

「⑤地域主体の自立共生」は、エネルギーへの自由な関与、それを通じた人や環境との共生による、真に解放された人間としての悦びを再生していくことである。人の幸福やよりよい生き方に関する目標である。

この5つの側面うち、第5次環境基本計画は①②⑤の側面がまったく抜けているのである。持続可能な地域づくりが経済至上主義や中央集権の弊害を解消する動きであることを考えると、①②⑤の側面を欠かすことができないだろうし、再エネはその側面の再生に効果を発揮できるだろう。

こうした再エネによる地域づくりの5つの側面から、西粟倉村における取組みを評価してみよう。

(2) 西粟倉村における再生可能エネルギーへの取組みの特徴

評価を行う前に、西粟倉村における取組みの2つの特徴を示す。

1) 森林資源の循環的利用とローカルベンチャーの文脈

西粟倉村の地域づくりの柱の一つが、地域資源である森林を柱とする木材の循環的利用を図る「百年の森林構想」である。さらに、森林の持つ気候変動緩和（大気中の二酸化炭素の吸収・固定）の働きを強調し、環境モデル都市の指定につながっている。森林資源の活用における木材循環の一部としてサーマルパス（熱回収）である木質バイオマス利用がある。また、2007年の雇用創出協議会で「起業型移住者を受けいれる」という方針を打ち出し、ローカルベンチャーの立地が活発化してきた。薪ボイラー事業の中心人物である井筒耕平氏は移住者である。薪ボイラー事業はゲストハウスに導入され、他の起業型移住

者達とのつながりを強めている。

2) 行政と民間の距離の近さ、地域を担う民間事業の公的役割

　行政と民間の協働によるスピード感のある取組みがなされている。このスピード感は、行政が主導しつつも、積極的に地域内外の民間の力や国の事業を活用することで生まれている。「百年の森林構想」では、村役場と森林組合、(株)西粟倉・森の学校の協定により、役割分担を明確にして、取組みを進めているように、地域づくりにおける民間の役割を明確にしている。

　また、環境モデル都市の指定や国の関連事業の採択を受けるために、企画は村役場が行いつつ、中央行政のモデル事業を獲得するノウハウを持つ民間シンクタンクの力も活用してきた面もある。

(3) エネルギー種別の取組み

1) 木質バイオマスの熱利用

　森林資源のフローと担い手の分担関係を図4-7に示す。森林管理を西粟倉村、素材生産を林業事業体が担い、板材等への加工を(株)西粟倉・森の学校が行い、その板材等を利用した最終製品の製造も、(株)西粟倉・森の学校をはじめ、(株)木の里工房・木薫等の村内ベンチャーが担うという分担関係である。

　2017年10月には、(株)百森が設立され、森林の集約化、施業管理、長期的

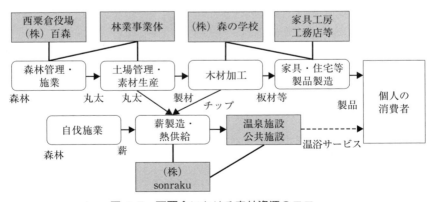

図4-7　西粟倉における森林資源のフロー

写真4-4　熱供給のチップボイラー　　写真4-5　熱供給の貯湯槽（蓄熱槽）

な森林経営計画の策定を行っている。原木は原木市場には出されておらず、基本は地場財を地場で最終製品製造まで行うことで、地域に産業と雇用を生み出そうとするものである。

　こうした仕組みを整備することにより、木材搬出量は500m^{2}だったものが1万2,000m^{2}へと飛躍的に増加し、木材関連事業の売上げは1億円から8億円へとなった。木材関連ベンチャーは8事業体、雇用は89人となっている。

　さて、木質バイオマスの熱利用は、この森林資源のフローのうちの一部をなす。熱利用に供される燃料は、森林組合の土場から供給された木材を（株）sonrakuが薪に加工したものと、林業所有者が自ら伐採し、薪として（株）sonrakuに持ち込むものである（現在は後者は少ない）。薪は、村内の3つの温浴施設の薪ボイラーの燃料となり、湯沸かしに利用される。温浴施設の一つが、（株）sonrakuが運営するゲストハウス元湯である。

　また、2018年には、村役場周辺への熱供給システムを導入し、新築の保育園に熱供給を開始している。今後、役場庁舎や老人保健施設、小・中学校等に全面的な熱供給を行う。さらに、村営住宅や農業プラントにも熱供給を行う計画がある。チップボイラーで暖められた温水が役場周辺に張り巡らされた配管を通じて送られ、各施設に熱を供給する。

　2）小水力発電

　現在、西粟倉村には5つの小水力発電所がある。

　トップバッターは、1966年に設置され、2012年にリプレイスされた西粟

倉発電所（290kW）である。村の中心部にあるが、2km上流の河川から取水し、タンクに貯水した後、落差約69mの水力により発電する。当初は農山漁村電気導入促進法に基づき、西粟倉村農業協同組合が設置したが、2004年の農協合併に伴い、西粟倉村に移譲された。しかし、2010年、老朽化により、水圧管のフランジ部分の水漏れが起きた。そこで農林水産省の補助金を使った改修の設計要望を行っている時に、東日本大震災となり、FITが導入された。2012年7月から開始されたFITの制度認定を受けるため、全額自主財源による改修に変更して、工事を進めた。売電収入は年間約6,500万円である。20年間で約7億の利益（予定）を出し、年間3,000万円ほどを村の施策の財源に充てている。

村の中心部の影石公園には影山水力発電所（5kW）がある。公園の利用が中止された滝を再利用し、隣接する普通河川からの落差により発電する。災害時には100V、200Vの利用ができ、山の利用時の充電や、電気自動車への給電や充電ができる。

山間部では、川のごみを取り除く除塵機の電源とする大茅地区の大茅ピコ水力発電（1.3kW）と登山者用トイレの照明等に使う大茅地区の若杉天然林マイクロ発電所（1kW）が稼働中である。後者は、国定公園への登山道入口にある駐車場に設置され、トイレの浄化槽ブロワ作動用と、灯電力に使用している。1kWであるが、電源のない場所で必要性がある。

さらに、山間部では、2019年に西粟倉第2水力発電所（199kW）が設置される。村が管理する普通河川で、ヤマメ養殖場の跡地にある取水施設を改修して利用するものである。山間部の売電を行う施設であるが、系統接続を行う容量不足が問題であったが、中国電力側の協力が得られることになり、事業の見通しがたった。

3）太陽光発電

西粟倉コンベンションホールの屋根上に、48.68kWの太陽光の市民共同発電所が設置されている。同所にて温泉祭を実施した際、再生可能エネルギーのコーナーをつくり、そこに展示をしてくれていたNPO法人おかやまエネルギーの未来を考える会（略称：エネミラ）の代表である廣本悦子氏と村役場参

事である上山隆浩氏の意見交換がきっかけとなって設立された。
　廣本氏は、「環境モデル都市になったときに、西粟倉村の活動が急に大きくなった。大きくなって行政が頑張っているが、住民の顔がみえない地域もある。西粟倉村は住民と一緒になってやっていく形がいい、西粟倉コンベンションホールの屋根で、市民共同発電ができれば、いいですね」と提案した。上山氏は、即座に「屋根貸しはどうにかなります」と答え、屋根貸し条例を急ぎ作った。議会では、①環境教育をエネミラが行う、②災害時に物資の集積拠点になるような電源確保ができる、③太陽光発電の実績データがなく、県北での発電量データがとれるという点を説明し、速やかに条例制定となった。
　2013年の5月に発案され、2014年3月完成。資金調達では、エネミラの実績が認められたこともあって、トマト銀行からの融資の即答が得られた。設置資金1,500万のうち、銀行から1,000万円、住民20人からの擬似私募債で490万円、残りは寄付のプール金を充てた。

（4）エネルギーコンサルタントとゲストハウス

　西粟倉村の再生可能エネルギー事業の全体像をみてきたが、村の木質バイオマスエネルギー事業の中核を担う（株）sonrakuの代表取締役である井筒耕平氏に注目してみよう。
　井筒氏は、愛知県生まれ、北海道大学で修士、名古屋大学で博士を得ている。名古屋大学時代、愛知県豊根村という人口約1,400人の村をフィールドとして研究を行い、村から年4.7億円ものエネルギー代金が地域外に流出していることを知った。足下に燃料となる森林資源があるにもかかわらず、それを使えていないのである。
　卒業後、再生可能エネルギーの導入に関するコンサルティングの仕事をしてきたが、地域の現場に入ることを志向し、西粟倉村の隣にある美作市の地域おこし協力隊となる。美作市では、自伐林家の間伐により薪供給を行う仕組みの導入を行い、西粟倉村の環境モデル都市の支援を行ってきた。2014年4月、協力隊任期が終了し、西粟倉村の空き家に引っ越した。エネルギーコンサルタントをしつつ、美作市で立ち上げた薪供給事業を継続する予定であった。

その後に、あわくら温泉元湯というゲストハウスを立ち上げることになる。元湯はもともと地区に無償で貸していた「老人憩いの家」という福祉施設だったが、村の所有に戻ってきたことから、村がその活用を井筒氏に相談し、井筒氏が引き受けることになり、薪ボイラーを導入したという経緯である。

　井筒氏は、西粟倉村への移住当初、ゲストハウスを運営するつもりではなかったが、結果的にそれが生計を立てる基盤となった。「コンサルタント業では年1回、薪管理の仕事は月1回収入が入るが、ゲストハウスは毎日、現金収入があり、宿泊は収入源として大きい」のである。

　元湯は、子育て世代をターゲットとしたゲストハウスをコンセプトにしている。宿泊では関西、岡山県内、関東等から、日帰り入浴で姫路から鳥取からの利用がある。さらに、香川県豊島にも、mammaというゲストハウスを、2017年8月にオープンした。mammaは、元乳児院をリニューアルし、宿泊、カフェ&バー、銭湯がある施設である。ここは、元湯のリノベーションを設計してくれた建築家の紹介で、運営を引き受けることになった。

　エネルギーコンサルタントとしては、村役場周辺への熱供給システムの導入支援と運営を担っている。

　また、移住ベンチャー達にとって、元湯は貴重な憩いや交流の場となっている。ある女性ベンチャーは「いい場所ができたなと思っている。お茶できるとか、お酒が飲めるという場所がなかったが、元湯ができたことで集まれる。社長同士が集まり"社長飲み"で、深い話もできるようになった」という。

（5）端材を加温に利用した「森のうなぎ」

　さて、西粟倉村の「百年の森林構想」に携わり、自ら（株）西粟倉・森の学校というベンチャーを立ち上げたのが、牧大介氏である。牧氏のことは第4章の2に記しているが、ここでは再エネに関連する取組みを紹介する。

　牧氏は、森の学校で木材加工事業を行うとともに、インキュベーションと地域での人づくりを担う事業を、創業当初から構想しており、それを進めるために、エーゼロ(株)を2015年に設立した。エーゼロでは、様々な新事業を仕掛けているが、その一つが「森のうなぎ」養殖である。牧氏は、森林資源の循環

写真4-6　ゲストハウス元湯

写真4-7　旧影石小学校

だけでなく、農業、林業、水産業という枠を超えて、価値をつなぐことが大事という考え方から、うなぎの養殖を始めた。うなぎを育てるためには25〜30度の温水が必要であり、それに森の学校の木材加工工場で出る木片を有効利用するのである。近畿大学とのつながりもあり、養殖技術を教えてもらった。

エーゼロのオフィスは、廃校となった旧影石小学校内にある。エーゼロ他、帽子、日本酒、木工等を行うベンチャーがお店や工場を営んでいる。ここの元体育館を利用して、うなぎの養殖を行っている。体育館の床は頑丈で、床下の配管がしやすかったという。牧氏は、うなぎ養殖場の排水を、元・校庭に建てたビニルハウスに引き込み、窒素やリン、カルシウム等を循環させるシステムもつくった。できた野菜は、森の学校や旧影石小学校で無人販売を行っている。

（6）再生可能エネルギーによる地域づくりの成果と今後

西粟倉村における再生可能エネルギーに係る取組みは、再生可能エネルギー導入の将来ビジョンを描き、地域住民や関係主体に協働をデザインして行われたものではない。しかし、森林資源の循環的利用を役割分担で行うというビジョンがあり、その熱回収の部分として森林バイオマスエネルギーの利用が行われていることに意義がある。とかく、大規模な木質バイオマス発電事業等は燃料調達に無理があり、地域内の森林資源の適正な循環を壊してしまうおそれすらある。枯渇性資源の代替や温室効果ガスの排出削減といった量的効果を大きくすることができるかもしれないが、持続可能とはいえず、むしろ破滅的

である。これに対して、森林資源を適正に管理し、地域で素材、加工、最終製品の製造までを行うという地域の持続可能な発展システムの一部としてエネルギー利用を行うことで、エネルギー事業及び地域の持続可能性が確保される。

その他の小発電事業、太陽光発電事業は外部状況の変化に応じた、関係者の（良い意味での）思いつきを起点にした速攻的な取組みである。それらは地域の関係者や行政関係者の発想に基づくものであり、それゆえ地域の主体性が十分に発揮されており、かつ身の丈であり、地域の持続可能性を破壊しない範囲で行われている。

以上を踏まえて、白井（2018）が整理した再生可能エネルギーによる地域づくりの5つの目標と照らし、西粟倉村の到達点と課題を整理することができる。

まず、西粟倉村における再生可能エネルギーへの取組みは、森林やローカルベンチャーという地域づくりの文脈の中で行われている。この地域づくりが、自治やネットワーク、経済自立、気候変動対策、人の自立共生という方向性を持つものであり、再生可能エネルギーに係る取組みも地域づくりの一端を担うという意味で5つの目標に寄与している。再生可能エネルギーによる取組みの成果は量的には小さいかもしれないが、地域づくり全体を破壊しては本末転倒となるため、地域容量に応じた現在の取組みが適正といえるだろう。一方、課題もある。「①エネルギーの自治」「②対話とネットワーク」においては、より多くの主体（移住者や旧住民）一人ひとりの学習とさらなる関係形成が重要である。また、「④公正、安全と環境共生」について、再生可能エネルギーの事業収入等の社会的弱者への還元、地域における温室効果ガス排出削減の量的計画が取組課題であり、「⑤地域主体の自立共生」について、再生可能エネルギーへのより多くの主体への関与による歓びの増幅等が期待される。

参考文献
新井竜治『戦後日本の木製家具』家具新聞社（2014）
西粟倉村村役場『西粟倉ベンチャー図鑑』（2018）
西粟倉村役場・エーゼロ株式会社『西粟倉村のローカルベンチャー』（2018）
関岡東生監修『図解知識ゼロからの林業入門』家の光協会（2017）

牧大介『ローカルベンチャー』木楽社（2018）
大沢真理『生活保障のガバナンス：ジェンダーとお金の流れで読み解く』有斐閣（2013）
ケイト・ラワース『ドーナツ経済学が世界を救う：人類と世界のためのパラダイムシフト』河出書房新社（2018）
神野直彦・高橋伸彰編著『脱成長の地域再生』NTT 出版（2010）
西粟倉村『Be Localventure』Global Entrepreneurship Monitor（https://www.gemconsortium.org/report）
OECD 'Policy Brief on Women's Entrepreneurship', 2017
白井信雄『再生可能エネルギーによる地域づくり～自立・共生社会への転換の道行き』環境新聞社（2018）

第5章
岡山県内の取組みから地域の未来を考える

1. 地域マネジメントの視点と論点（座談会）

（1） 地域活性化に向けた経済面からのアプローチ

中村：「地域活性化」それ自体について、私の考え方を提示します。それにもとづき、地域活性化を経済面から考えるとどういう考え方があり、どういう課題があるかを提示して、議論ができればと思います。

前提として、私は「地域」とは「基本的な生活空間」であると考えており、生活を維持、保全、向上、持続させていくことが地域活性化にかかわる問題と捉えています。そのフィールドは、大きく3つあります。①経済の側面、②生活環境の側面、③住民の側面です。それぞれの側面は相互に影響しあっていると考えています。

政策的にはそのうちのいずれかに重点を置くことになりますが、それは地域全体に影響を与えます（図5-1）。地域活性化に向けた活動では、第1に実際に何を行うのか、第2にどういう主体が取組むのか、第3にそれをどういうプロセスで行うか、という問題がでてきて、それが各地域で異なるため、千差万別な地域活性化の取組みが見られることになります。

経済面からの地域活性化というアプローチを取り出してみた場合、経済の循環構造、それは資金の循環と物質の循環が表裏一体になっているのですが、それを持続可能なものにするためには、域外市場産業、域内市場産業の両方がきちんと維持されていることが大事です。特に域外市場産業が地域に域外マネー

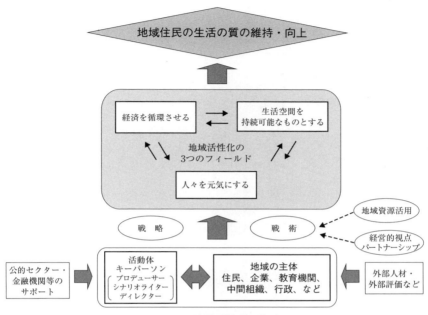

図 5-1　地域活性化の概念
出典：筆者（中村聡志）の作成

を取ってこないと、地域の経済は徐々に縮小していきます。同時に域外市場産業が獲得した資金をどう地域の中で消費・再投資に向けるかと考えると、域内市場産業がしっかりしていなければなりません。最近、域内市場産業の弱体化が大きな問題になっています。この両方の産業がしっかり立地できるようにするためには、両者の間にどういう産業連関を構築し、無理のない範囲で地域調達率を高めていくことが大事です（図5-2）。

　なお、地域経済を考えるときに、地域住民の意思を踏まえた自治体の役割は無視できません。財政活動が大きな役割を果たしていることはもちろん、地域の物質循環を考えると地域資源のマネジメントに行政が役割を果たさないといけません。

　地域経済の循環を持続可能なものにするためには、取組みを行う主体、特に地元の主体を、地域が自律的に形成して支えることができるか、地域内外の利

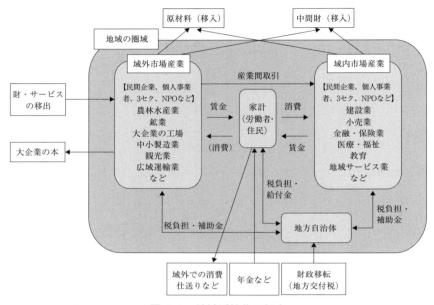

図 5-2 地域活性化の概念

出典：中村良平（2014）『まちづくり構造改革；地域経済構造をデザインする』をもとに筆者（中村聡志）作成

用可能な資源を企業経営的発想も取り入れながら活用し、地域のブランド力等をうまく高めていくかが大事になります。また、学習を繰り返していく姿勢が地域に埋め込まれていくかというところも大事です。

　以上が話題提供ですが、域外市場産業、域内市場産業を育成すると一言でいっても、なかなか難しく、できていないのが現在の課題かと思います。そのあたり、何が問題になっているのかを議論させていただければと思います。

　白井：具体的な例として、私が近年、調査をしてきた再生可能エネルギーによる地域づくりの例をとりあげます。再生可能エネルギーの発電事業は、買取価格固定制度（FIT）によって一気に導入が進んできました。再生可能エネルギーの地域への導入には3つの動きがあります（図5-3）。

　ケースAは域外資本による「外発型」です。この場合、売電による事業収入は域外資本に漏れていくだけ、地元は土地の賃貸料等が入るだけで、地域循環

といい難いものです。ケースBは、地元の企業が事業主体となるもので、移入効果（域外から売電収入）があります。ケースCは、発電した電気を域内で消費するもので、移出代替効果（域外に支払われていた電気代が削減される）が期待されます。どれが一番望ましいでしょうか。

移入効果も移出代替効果もざっくりといえば、同程度なのですが、一番望ましいのはケースC、すなわちエネルギーの地産地消だと思います。なぜなら、この資金循環には、地域の住民や事業者が消費者として関わり、地域住民等と発電者との関係性が生まれ、地域住民等の学習が進むからです。つまり、経済だけでなく、地域づくりとしての効果が期待できます。

では、どうやってエネルギーの地産地消を実現するか。地域金融による地元の再生エネルギー参入者に対する支援も大事ですが、地産地消となると地元行政が主導して、地元の電気を率先して購入したり、市長がトップセールスで地元の企業に営業をするというようなことも必要になってきます。地元の大口需要を確保して、事業を成立させ、次に小口の需要を確保していきます。

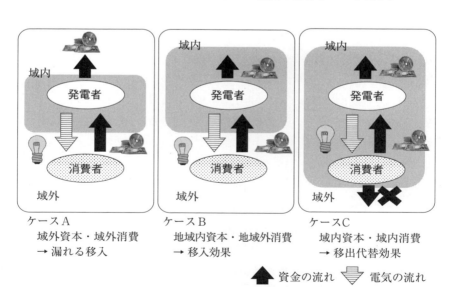

図5-3　再生可能エネルギーによる発電事業による資金と電気の流れ
　　　出典：筆者（白井信雄）の作成

域内市場産業を重視し、そこに地元行政が積極的に関わるマネジメントが必要です。もっとも、域外市場産業であっても、域外の消費者との関係形成を重視すれば、地域づくりとなり、地元行政の仕事となります。

松尾：違った観点で、地域の企業の成功のプロセスについて述べます。やはり成功体験がとても重要で、域内で成功していけばそれに越したことはないのですが、多くは恐らく域外で成功して、その成功がモデル化されて域内に持ち込まれるというパターンです。まったく域外の企業が入ってくるっていうのもあるんですけど、一番効果的なのは、域内の誰かが成功して、その後を追うような形でいくというパターンになります。

何が一番すごいかというと、エンゼルなんです。成功企業が若い企業にモデルという面でも実際の資金的な面でもサポートして、後を追うように出てくる。同じように成功した企業がまた他の企業を育てる。

これは、ローカル効果じゃないけど、何かあるんだと。それは非常に重要で、身近な企業を成功のモデルとして見る、実際に援助を受けることによって育っていく。企業群ができます。これが東京辺りだと群にならないです。そこだと思います。域内、域外の問題は微妙に絡んでいて、どちらも必要だというのはそのとおりで、循環を描かなかったら無理です。域内からが理想ですが、域外から域内に入っても全然問題ない。後は域内から域外です。

中村：外発型と内発型の話は、再生エネルギーに限らず、地域の中でどう企業活動を興していくかという議論の典型で、外発型の場合は利益部分が漏れ出てしまうので、本社機能が地域の中にあって、地域の中で再投資がされることが望ましいという意見は多いと思います。ただし、人材、資金、アイデア等、域外の成功パターンを自分たちで消化していく中で見つけていくことが大事です。西粟倉の「百年の森林構想」の頃は、アミタやトビムシとかの外の知恵を、町役場がどんどん吸収していった印象があります。

白井：確かに、知恵や情報は域外に開かれて、よりオープンであることが大事だと思います。ただし、西粟倉では外の知恵も借りてますが、村役場もしっかりと仕事をしています。森林都市構想をつくり、森林組合と町役場とトビムシと森の学校で目標を共有し、協定という形で継続性を担保したことが大きい

です。その場限りのマネジメントではなくて、大きな枠組みをつくり、仕組み化をしたのです。

　中村：真庭も同じです。21世紀の真庭塾が4年の勉強期間を終えて、環境シンポジウムを開催し、「2010年の真庭人の一日」というストーリーを使って将来ビジョンを描きました。そのビジョンから数年後に「木質資源活用産業クラスター構想」を作って、その枠組みを皆が共有していったプロセスがあった。そういう意味では、真庭も西粟倉も共通するものがあります。

（2）行政、市民、企業の相互乗り入れ

　中村：話題は変わりますが、いろいろな地域に入っていくと、地域間競争という言葉に反感を感じる人が多いと感じます。「稼ぐ力」という言葉にも同様の反応があります。私自身は、地域間競争という言葉は好きではありません。そもそも地域というのはそれぞれの生活空間であって、競争をするものではない。ただし、域外市場産業を活用して地域の持続性を図ろうと思ったら、競争市場に入っていかなければならないところがあります。そういう意味で、稼ぐとか競争という意識がある程度は必要かなとも思います。一方で、今の20代、30代の人は企業活動を通じた社会的価値の実現を当たり前に思っています。先生方はそのようなギャップを経験したことはありますか。

　白井：ビジネス的志向への拒絶ですが、時代を遡れば、NPOや市民活動において、ビジネスを嫌う傾向が確かにありました。社会のための市民活動と個人のためのビジネスは両立し得ないという見方です。しかし、コミュニティ・ビジネス等の考え方も出てきて、NPOも稼げるようにならなければならないという見方は強まってきました。稼がないと持続可能な市民活動はできないし、人材も集まってきません。

　松尾：歴史的に、公共という立場がビジネスを拒否します。ビジネスはあくまでも一つの企業、特定の企業の話になってしまいます。だから、公共的な立場からすればだめだとなってしまいます。逆に言うと、全国的には西粟倉は珍しい例かもしれません。コミュニティ・ビジネスが出てきたときはそれほど大きな変化はありませんでした。ソーシャルと言いだしたときにずいぶん成長・

進歩したと思いました。ビジネスに対するアレルギーがなくなったのです。つまり、行政がそれを支援してくれるようになりました。これは大きいことです。

　中村：私が最初にそのように感じたのは2010年代初頭です。2011年の東日本大震災を経て、コミュニティ・ビジネスやソーシャルビジネスが普及していって、20代、30代の人たちはそれを前提にしているのだと思いますが、年齢が上の層に関しては公にかかわる分野でのビジネスに対する警戒といった意識が残っているという印象です。これから、ビジネスを通じた地域活性化を考える場合には、競争とか利潤に対するアレルギーを、より新しい公共という観点から議論していかなければいけないと思います。

　白井：私は、行政・市民活動・企業はそれぞれの本来の役割を発揮するとともに、相互乗り入れをしていく必要があると思います。行政も市民活動もビジネスをやる（経営ノウハウを持ち込む）、企業もソーシャルなことに関わるという相互乗り入れをする流れが当たり前になってくるのではないでしょうか。

（3）地域づくりとビジネスの関係

　松尾：次に私が論点を出します。地域づくりとビジネスの関係をどう捉えたらよいかという点です。問題意識として、衰退する地域にはビジネスがなく、成長するところはビジネスがあるというには言い過ぎではないかと思います。その問題を正面に据えて、論じます。

　地域の最大課題は過疎化、地方崩壊からの脱却です。キーワードは雇用創出です。従来は企業誘致で一挙にこなすことをしてきたわけです。しかし、やっても進んでいるところは一部で、全国的に進んでいるわけでありません。

　ビジネスを生む方法としての企業誘致ですが、どういう形で考えればいいか。先ほど話題になりましたけど、1次産業をどうするのかという話になります。地方は1次産業を軸にしなければビジネスは簡単ではない。企業誘致で大企業が来て、関連で地域産業が育つことはあり得ます。しかし、まったくそういったものがないところでは、1次産業しか残っていません。これを反転・成長させることをやらないと、地域の過疎化しかあり得ません。

　これに対して、1次産業の6次産業化を政府が進めています。これは、果た

して有効なのか。成功例もありますが、極端というか、全部自分でやらなければいけない世界になっています。それは少し違うのではないかと思います。これを林業でやったのが西粟倉です。林業のビジネスの可能性は低いと思われていましたが、反転しつつあるのが、木材市場です。木材の自給率が上昇しつつある。そこを狙っているのが西粟倉の人々です。

　乗りかかり方は多様ですが、森林を整備することが前提です。森林を整備しながら木製の良い商品を作って販売するという考え方です。立ちはだかるのが旧来からの大手企業なんです。ここが歴然たる位置を占めています。ここをこじ開けるのはそう簡単ではありません。国産材というニッチなところを狙い、自分の場所を作り上げたのが、西粟倉のブルーオーシャンです。ローカル・ベンチャーというよりはニッチャーといったほうが正確です。6次産業化と見えなくもないですけど、似て非なるものです（図5-4）。

　西粟倉では、木薫が最初にこのモデルとなりました。地域で成功例をモデルにして、どんどん作り上げるという仕組みができたわけです。エネルギー、女性特有の市場、喫茶店、お酒づくり、地域の生活産業等が、木材を軸にしてどんどん出てきて、理想的なまちづくりにつながっています。

　結果としてそういうストーリーができるので、一つの考え方かなと思います。しかし、この考え方は、ストーリーとして出てきていません。

白井：林業及び木材関連産業において、主軸となるのは木造住宅です。戦後

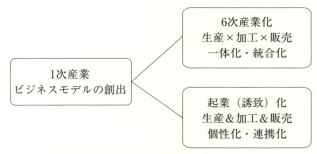

図5-4　第1次産業の似て非なるビジネスモデル
　　　出典：筆者（松尾純廣）の作成

に一気に植林がなされ、伐採適期を迎えてきた林業では木材の需要量を確保することが必要です。このため、建材の需要を高める、木材住宅市場を開拓することが必要となります。西粟倉では、産直住宅は少しやってきましたが、都市部のマンション等の内装材、幼稚園の家具等の市場を開拓していますが、本来の大きな市場（産直住宅）の開拓も期待されると思いますが、どうでしょうか。

松尾：それは間違いないです。しかし、まだそこまではいっておらず、ようやく、ここの分野でやれるというものができてきた段階です。当然次もねらっていかなければいけないでしょう。もちろん、構想として持っているわけです。そのためにどこに食い込んでいくのか。いきなり住宅に入り込めません。木薫も保育家具・遊具ではなくて、保育園を丸ごと作りたいと言っています。

白井：林業と地域づくりについてですが、農林水産業全般に言えることですが、ビジネスとして単純に切り離されたものといえるのでしょうか。農業でも、食料、農業、農村、あるいは農的な生き方は不可分です。これらをあわせもってやること、また農業をやって農村づくりにもなるようなまたがる部分に取り組むことが大事だと思います（図5-5）。稼ぎとしての農業よりも、農的な暮らしの豊かさがあり、農業をやりたい人が増えているのはそういうこともあると思います。林業の場合はどうでしょうか。

松尾：そもそも地域づくりから農業とか漁業が抜け落ちていました。そうであらねばならなかったわけです。当然目的は、地域づくりだし、農家づくりです。当然、担い手をつくらなければいけません。森があるというのは重要です。森が田を守っているようにそういう循環があって、森が潰れると魚が捕れなくなります。西粟倉は山村に暮らしたいという人々が来ています。女性の起業者はそういう人達です。西粟倉はビジネスが地域をつくれることを目の前で見せてくれています。

建井：女性であるということで、日本ではいろいろと制約があります。労働に関していえば、男性に比べて賃金も低いし、お仕着せのフレームワークに入るしかないですが、自分でビジネスをすれば、大変ですけれども、自分でフレームワークを作り変えていけます。最近、若い人で組織に属したくない人が増えていると聞きます。そういった部分が地方での起業の魅力だと思います。

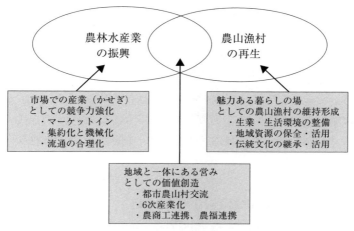

図 5-5　農林水産業と農山漁村の再生の一体化
出典：筆者（白井信雄）の作成

松尾：女性起業は、林業との関わりというより、田舎暮らしが支えになっています。そういったものに女性は敏感で、生活目線で見て気にいっているのではないでしょうか。普通皆が逃げ出すところを、よそから入ってきて、きちんと食べていく方法を見せているわけですから、それは大きいと思います。女性の起業の多さにはびっくりしました。女性の起業は、地域を変えてくれます。

中村：最近、「ローカル志向」という言葉が出ていますけれども、松永桂子氏によるとその中でも特徴とされているのが、小さな生業を経験したいという若い世代が多いということだそうです。西粟倉では生業志向を持った人が来ています。ローカル志向と起業が結びついているところに西粟倉の良さがあるのかなと思います。

松尾：有名になろう、儲かろうというのとは違う。木薫の社長もこれ以上大きくしようと思っておらず、社員が喜ぶようにしたいと言っています。

中村：真庭には約30社の製材所があって、西日本でも木材産業の集積地として有名です。しかし、最下流（建設業）の需要を増やさないと上流（林業）まで影響が及ばないということで、最近ではCLT（直交集成板）に注力しています。今、市長が前面に出て、政策であるとか仕組みであるとかを通じて、

需要を作っていこうという動きになっています。

　真庭は地元の経営者のボトムアップで地域が変化していったのですが、林業はある時点でもう少し大きな枠組みを作らないといけない段階になってきたのではないかと感じています。西粟倉の企業群がニッチャーとして展開していくにしても、そこまで考えないといけないのではないでしょうか。ニッチャーは一般的に値段が高くなるので、理解して買ってくれる関係性ができればいいけれども、事業をもう一段拡大しようと思うと、地域まるごとの取組みが必要となるのではないでしょうか。

（4）問題構造の根本と持続可能な発展の規範

　白井：最後に私から論点です。私の問題意識は近代化という構造にあります。近代化によって、産業構造や生活様式が変わり、それらがビルトインされている構造が諸問題の根本にあります。

　ウルリッヒ・ベックは、「近代化によって、人間社会の外部にあった自然が人間社会に含まれるものとなり、自然の破壊が自らを脅かすリスク社会になっている。人間の安全を脅かす危機の本質は人間そのものであり、人間を形作ってきた近代化に対する自己対決（再帰的近代化）が生じている」と書いています。

　さらに私なりに解釈すると、経済が拡大し開発が進む段階（第1ステージ）の問題が再帰的近代化として捉えられがちですが、縮小段階にある日本の場合は、第2ステージの再帰的近代化の問題が生じていると捉えるべきです。

　これに対して、どのような地域マネジメントをすべきでしょうか。第3の道を選択するということだと思います。これまでの方法と同じで成り行きでやっていく第1の道ではなくて、昔に戻りましょうという第2の道でもなくて、第3の道は代替的で創造的なものです。第3の道は、「持続可能な発展」という規範を充足するものです。その規範として、私の考え方を説明します（図5-6）。

　持続可能とは将来世代に配慮していくことですが、現在の社会経済の活力がないと将来もないですから、活力が大事です。しかし、一定の制約条件を満たす活力でないといけません。制約には環境・資源面と人間の公平性の側面がありま

第5章　岡山県内の取組みから地域の未来を考える　155

す。また、昨今の災害の深刻な被害を考えると、リスクへの備えも必要です。

　一般的には、持続可能な社会とは、環境、経済、社会の3つのボトムラインがあり、それらをバランスよく発展させていくことだとされます。しかし、そうした定義では社会面の内容が曖昧です。図5-6では、社会面を社会面の活力と社会面の公平性の2つに分けて整理しています。

　また、経済成長は本当に必要なのかという議論があるように、経済だけを独立して捉えてしまうために持続可能な発展の議論が経済重視を前提にしがちです。そこで、持続可能な発展の基盤となる活力として、社会面と経済面あるいは一人ひとりの側面をトータルに捉えるという考え方にしています。

　こうした規範が充足され、経済学的に言う健全なストックが形成され、地域・国・世界の重層的な取組みがあって、一人ひとりが幸福と希望を抱いている。それが持続可能な発展の全体像だと考えています。

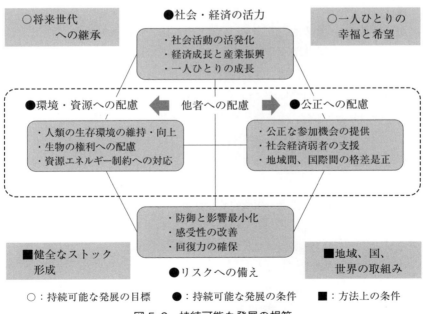

図5-6　持続可能な発展の規範
出典：筆者（白井信雄）の作成

持続可能な発展の規範をもって地域を見たとき、地域の取組みの成果と課題が見えてきます。例えば、第2章で示した岡山市のESD活動では、田園地帯の地域学習で成果をあげていますが、経済活動としての農業をどうするかというところまでは踏み込んでいないのかもしれません。西粟倉の場合はベンチャーでもって森林を活用しているといえますが、一方で地域内の福祉といった公正への配慮等に今後の取組みの余地があるのかもしれません。

　それから、環境と経済の問題とは相互作用があります。環境のことに取組んで環境ビジネスで経済がよくなります。経済がよくなることで貧困が解消されて森が破壊されなくなります。そういう相互作用に意識的に取り組む連関の創出が大事だと思います。さらに、現代社会の社会経済構造が諸問題の根幹にあるので、その根幹を変えることが大事です。問題間の相互作用としての「連関」、問題間の根本的な要因であるところの「根幹」、それらに踏み込んだ取組みによる持続可能な発展に向けた「転換」が大事だと思います。

　また、社会転換を目指すとしたら、一人ひとりの意識と行動の転換が大事ですが、転換に伴う痛みもあります。いきなり、田舎に移住するといって、家族が反対したり、それまで享受していたものを捨てる喪失感もあるでしょう。この痛みを支えることが円滑な転換において重要なことです。

　中村：経済問題と社会問題については、私自身も相互作用があると感じています。その前提として、地域経済社会のどこを押すとどこが動くか、システムとして捉えるべき問題だと思います。

　松尾：経済力がややもすると対立項として扱われてしまうところが今までのイメージとしてあったので、それが組み込まれているというところが大きいと思います。それから、小さい企業の話。日本ではピラミッド型の産業構成が長かったため、分散して総体としていくというイメージとして描かれていないところがありますが、確実に変わっていると思います。

　中村：地域に大企業がどうかかわるかというのは、単に立地するだけだったら、従業員がどれだけいるかという話です。大企業のほうも地域とどう絡むかということに関しては、CSR以上のことはなかなか思いついていないようです。ただし、最近では少しずつ変わってきているところがあり、大企業と地域

との関わりは過渡的な状況かと思います。また、意識転換、行動転換に痛みを伴うというのもそのとおりで、仕掛けが大事です。地域は全体を包括した視角でどう合意をとりつけていくのかが重要です。

白井：「連環・根幹・転換」を合い言葉にしていきたいと考えています。連環・根幹に関わる取組みが各々の持つ課題を解決し、転換につながる新たな価値を創出していきます。また、地球・世界・日本・地域という視点から、地域の未来は危機的なものであることを自分ごと化することが転換の出発点になると思います。

2. 未来志向の地域マネジメントのあり方

第1章では、地域を取り巻く諸課題を整理し、「地域の危機」を知り、「外部変化を活かして」「何かを変える」必要性を示した。では、何を変えるのか。岡山市、真庭市、西粟倉村の取組み事例を踏まえ、また座談会で示した理論的な議論を踏まえて、基本的な4点をまとめる。

(1) 転換後の地域の将来像を深く考え、共有する

社会転換という大きな作業を進めるうえで、転換後の地域の将来像を明らかにして、それを関係者で共有することが重要である。

この場合、地域の30年ビジョンを作成しようと、地域住民等のワークショップでアイデア出しをして、それをまとめて、将来像を描くことが多いが、将来像を実現しようとする施策の検討にあたっては、既存施策の羅列と若干の追加に留まることが多く、社会転換に向けた施策が何も動き出さないことが多いのではないだろうか。

重要なことは、地域の将来像について、理念をもって、深く議論し、成りゆきのどこが駄目なのか、どこを変えるのかを明確にすることである。この際、第1章で示した「脱近代化」、第5章の座談会で示した「地域経済循環」「持続可能な発展の規範」といった考え方が参考になるだろう。

真庭市では、"地域全体で木質資源の循環・活用する「大きな『里山資本主

義』」と各地域が特色や資源を活かす「小さな『里山資本主義』」、それらの相互連携による相乗効果の発揮"という明確な理念を持っている。

西粟倉村では、地域資源である森林を柱とする木材の循環的利用を図る「百年の森林構想」「起業型移住者によるローカルベンチャー」と2つの将来像が推進力となっている。

（2） 領域を超えて価値を創造し、方法を統合する

社会変革や転換の実現においては、これまでの領域や分野を超えて、方法を統合することが重要である。

座談会では、環境と経済の相互作用等の「連環」が創造や革新を生み出す可能性があると示した。従来の取組みが、各々の役割や方法を継承し、枠にはまったままで膠着を招きやすいことを考えれば、枠を超えた「連環」が新たな可能性を持つことは自明である。また、座談会では、地元の第1次産業を起点とする産業分野の統合としての6次産業化、地域資源を活用する外からの起業と産業間連携という方向性を示した。

（株）西粟倉・森の学校では、地域資源である木材の端材を材料としたうなぎ養殖を始めているが、森林資源の循環だけでなく、農業、林業、水産業という枠を超えた価値創造の姿がここにある。

真庭市におけるやまいも「銀沫」は、特産品の開発事例であり、入念なマーケティング戦略により消費者調査が行われ、地域の観光資源を絡ませたストーリーによって消費者に遡求された。この例では、農業×マーケティングといった統合がなされている。

（3） 主体の学習を促し、主体の活性化と主体間の関係を形成する

地域マネジメントを担う主体としては、地域の有力者であるキーパーソンや地域活動に寄り添い、調整するコーディネイターは重要である。それとともに、地域づくりは地域のあらゆる主体の幸福を目指すものであることを考えると、地域のあらゆる人々が活動に参加し、人として成長する学習機会を得ることが重要である。学習は、活動を効果的に計画し、実行するための手段であるだけ

でなく、地域で人が成長するプロセスである。

　例えば、岡山市のESDは社会教育事業と環境保全等の地域課題解決を統合する活動である。この事例は、（2）に示す分野統合であるとともに、地域課題解決における学習活動の効果を示している。それとともに、この活動に参加する若手リーダーは、ESD活動における「人の意見を認め、受け入れるという多様性」「学び合うことによる自己肯定感」を強調している。

　真庭市における地元若手経営者グループの自発的学習、銀朱の開発段階におけるマーケティングの視点の研修等は、学習が重要な地域づくりのプロセスであることを示している。

　また、西粟倉の女性ベンチャーでふれているが、女性が挑戦するうえで、失敗を許容するコミュニティや相互支援のネットワークが重要である。

　女性ベンチャーに限らず、座談会では意識転換や行動転換に伴う個人の痛みの問題を指摘した。最終的には様々な経験が自己肯定感を高めることになるとしても、その過程にある自己否定を伴うプロセスを乗り越えていけるための支援を考える必要がある。

（4）各主体の役割の率先と相互乗り入れによる革新

　地域の担い手は、行政、企業、市民であり、各々が役割を持つ。この際、行政は公平性を重視し、独占ゆえに競争原理が働かない企業は効率性を重視、利益主義になる市民は自由であるが、専門性にかけ、資金や人材不足であるというように、各々の特性ゆえの弱点が指摘されてきた。このため、弱点を補完しあうように、分担と連携、協働が進められてきた。

　さらに、座談会で示したように、各主体が役割に留まることなく、行政は企業の経営ノウハウを取り入れ、企業は地域貢献に取組み、市民活動は専門性やビジネス力を高めるというように、相互乗り入れの時代となっている。とりわけ、地域企業は、地域は市場競争の場でなく、人が生活をして、成長する場であることを踏まえて、地域づくりとともにある姿勢を重視することが求められる。

　岡山市の天満屋の事例は、地域住民の誇りとしての地方百貨店があったこと、

その役割を果たすことが今後の地方百貨店の生命線であることを示している。

　また、岡山市の国や県に頼らない浸水条例の制定は、地域に寄り添う地方自治体は必要に応じて、地域独自の行政施策を展開する革新者であるべきことを示唆している。

参考文献
中村良平『まちづくり構造改革：地域経済構造をデザインする』日本加除出版（2014）
松永桂子『ローカル志向の時代：働き方、産業、経済を考えるヒント』光文社新書（2015）

おわりに ― 地域マネジメントにおける大学の役割 ―

　地域マネジメントは誰が担うのか。リーダー、マネジャー、コーディネイター、ファシリテータ等といった統括や調整を担う方々の役割は大きい。全体を見渡し、統括・調整を行うことが地域マネジメントにとって不可欠である。
　しかし、やはり、地域マネジメントの主役は地域住民、地域事業者といったプレイヤーであると言うべきである。なぜなら、地域マネジメントはトップダウンで行うものではなく、一人ひとりの参加と総意で進められるべきものだからである。プレイヤーであっても、地域全体を見渡し、将来を見通しながら、行動をするという地域マネジメントの担い手であることが期待される。
　とはいえ、地域マネジメントの主役になるには、地域住民、地域事業者には専門性やノウハウが不足する。生活や仕事に忙しく、時間もとりきれない。そこで、地域住民、地域事業者を主役となるように育て、主役になりきれない部分で支援や補完を行うことがリーダーやマネジャー達の役割となる。
　そして、地域マネジメントを担うリーダーやマネジャー、あるいはプレイヤーを育てるのが、地域の大学の役割である。この際、大学における教育と研究、貢献活動は地域の課題解決の実践と一体であるべきである。実践を通じた教育、実践への参与型の研究等は、既に多くの大学で行われていることであるが、実践との一体性をもっと重視していく必要がある。
　地域マネジメントという方法論は、実践を通じた教育と研究を行い、その効果の点検と見直しの仕組みによって、確立していくことができる。
　2010年代に入り、地域での実践課題解決を前面に出した国立大学の組織再編、公立及び私立の大学の学部新設の動きが活発化してきた。地域マネジメントをテーマとする大学（学部学科）が水平方向につながり、各地で地域マネジメントの推進力となっていくことが重要である。本書が、地域マネジメントを通じた地域課題の解決とそれを担う人の成長、そして支援するネットワークの形成の一助となることを願う。

なお、本書のうち、第2章の4、第3章の2、第4章の3は、山陽学園大学学内研究補助制度より資金面での支援を受けた成果である。

執筆者一覧

【編　者】
　白井信雄　（しらい・のぶお）
　中村聡志　（なかむら・さとし）
　松尾純廣　（まつお・すみひろ）

【執筆者】
　岩本隆志　（いわもと・たかし）　　第1章2（3）
　神戸康弘　（かんべ・やすひろ）　　第2章3
　小林伸行　（こばやし・のぶゆき）　第1章1（1）・（2）
　澤　俊晴　（さわ・としはる）　　　第2章4
　澁谷俊彦　（しぶや・としひこ）　　第3章コラム
　白井信雄　（しらい・のぶお）　　　第1章1（2）・1（3）・2（2）・2（4）・3、第2章1・2、
　　　　　　　　　　　　　　　　　　第4章1・4、第5章1・2
　建井順子　（たてい・じゅんこ）　　第1章2（1）、第4章3、第5章1
　中村聡志　（なかむら・さとし）　　第3章1・2・コラム、第5章1
　西村武司　（にしむら・たけし）　　第3章3
　松尾純廣　（まつお・すみひろ）　　第4章2、第5章1

■ 編著者紹介

白井　信雄　（しらい　のぶお）
　　最終学歴：大阪大学大学院前期課程環境工学専攻
　　現職：山陽学園大学地域マネジメント学部教授
　　学位：博士（工学）
　　研究分野：環境・エネルギー政策、持続可能な地域づくりの理論と実践
　　主著：『再生可能エネルギーによる地域づくり～自立・共生社会への転換の道行き』環境新聞社（2018年）単著、『サステイナブル地域論～地域産業・社会のイノベーションを目指して』中央経済社（2015年）共編著、『気候変動に適応する社会』技報堂出版（2013年）共編著

中村　聡志　（なかむら　さとし）
　　最終学歴：法政大学大学院社会科学研究科政策科学専攻修士課程
　　現職：山陽学園大学地域マネジメント学部教授
　　学位：修士（政策科学）
　　研究分野：地域経済学、地域振興、地域政策
　　主著：『まちづくりとしての地域包括ケアシステム：持続可能な地域共生社会をめざして』東京大学出版会（2017年）共著、『実践！ 地域再生の経営戦略【改訂版】：全国36のケースに学ぶ"地域経営"』金融財政事情研究会（2010年）共著

松尾純廣　（まつお　すみひろ）
　　最終学歴：東京大学大学院経済学研究科博士課程単位取得
　　現職：山陽学園大学地域マネジメント学部教授
　　学位：経営学修士
　　研究分野：アントレプレナーシップ、イノベーションマネジメント、産学連携学
　　主著：『テキスト　産学連携学入門 改訂版　上下巻』産学連携学会（2016年）共著、『地域大学と産学官連携マネジメント』大分大学VBL（2007年）単著、『大分における産業と企業の成長と革新～地域ベンチャー～』大分大学VBL（2001年）単著

地域マネジメント草書
― 岡山の地域づくりに学ぶ ―

2019年10月10日　初　版第1刷発行

■ 編 著 者 ──── 白井信雄・中村聡志・松尾純廣
■ 発 行 者 ──── 佐藤　守
■ 発 行 所 ──── 株式会社 大学教育出版
　　　　　　　　　〒700-0953　岡山市南区西市855-4
　　　　　　　　　電話（086）244-1268　FAX（086）246-0294
■ 印刷製本 ──── モリモト印刷㈱

© 2019, Printed in Japan
検印省略　　落丁・乱丁本はお取り替えいたします。
本書のコピー・スキャン・デジタル化等の無断複製は著作権法上での例外を除き禁じられています。本書を代行業者等の第三者に依頼してスキャンやデジタル化することは、たとえ個人や家庭内での利用でも著作権法違反です。
ISBN978-4-86692-042-9